Mermaid Pictures: Coloring Book

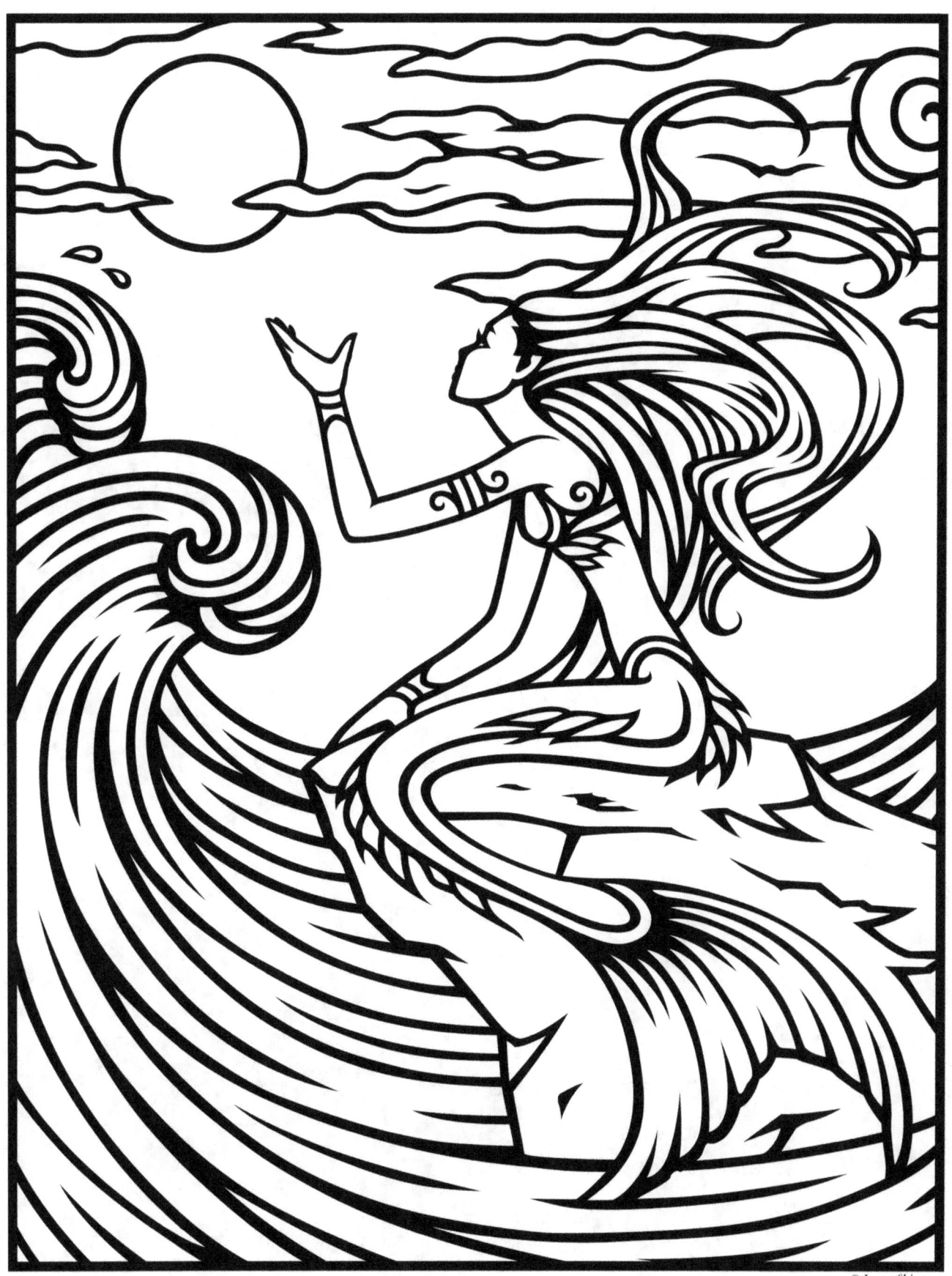

© Jayna Shipman

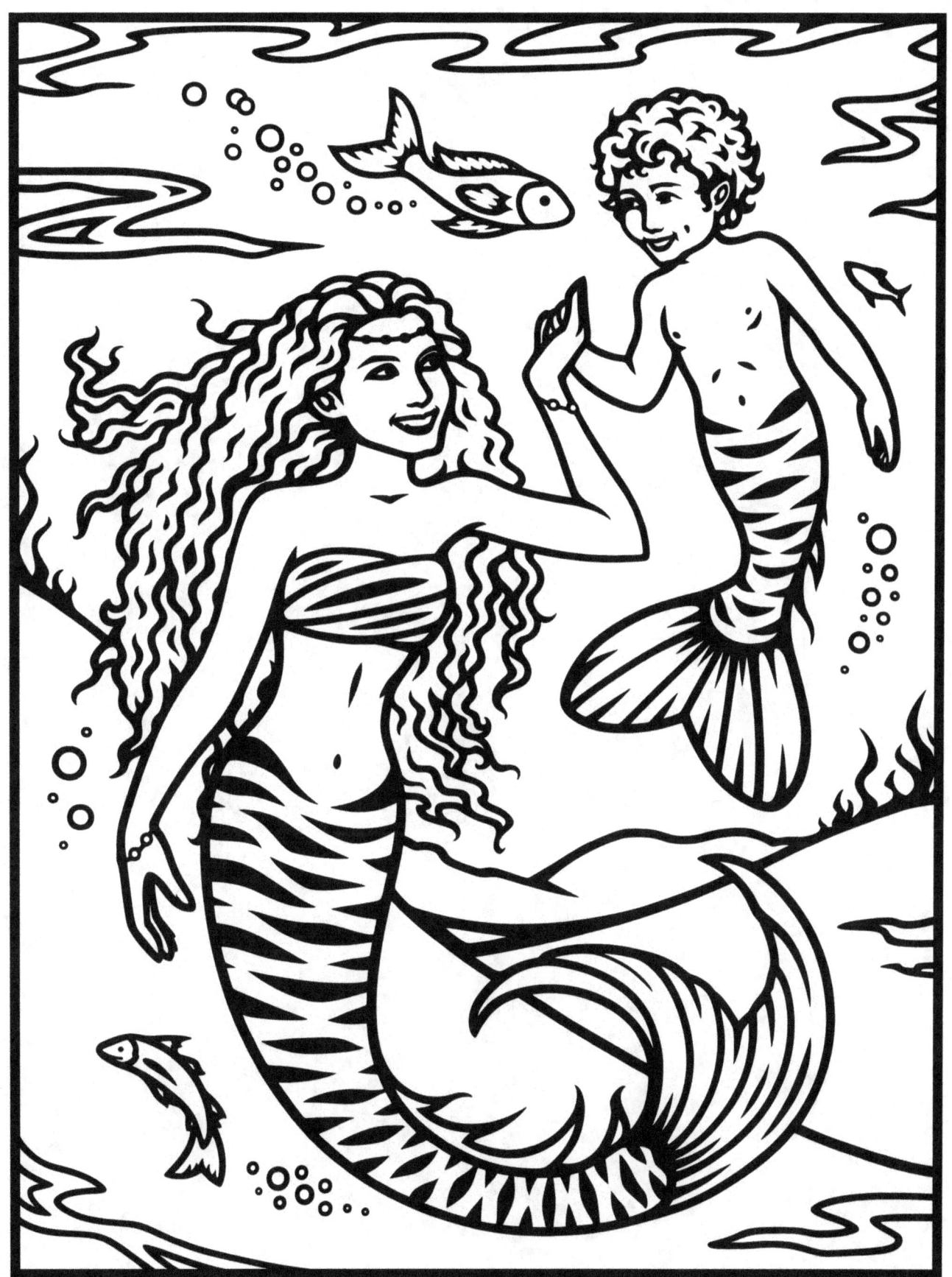

© Jayna Shipman

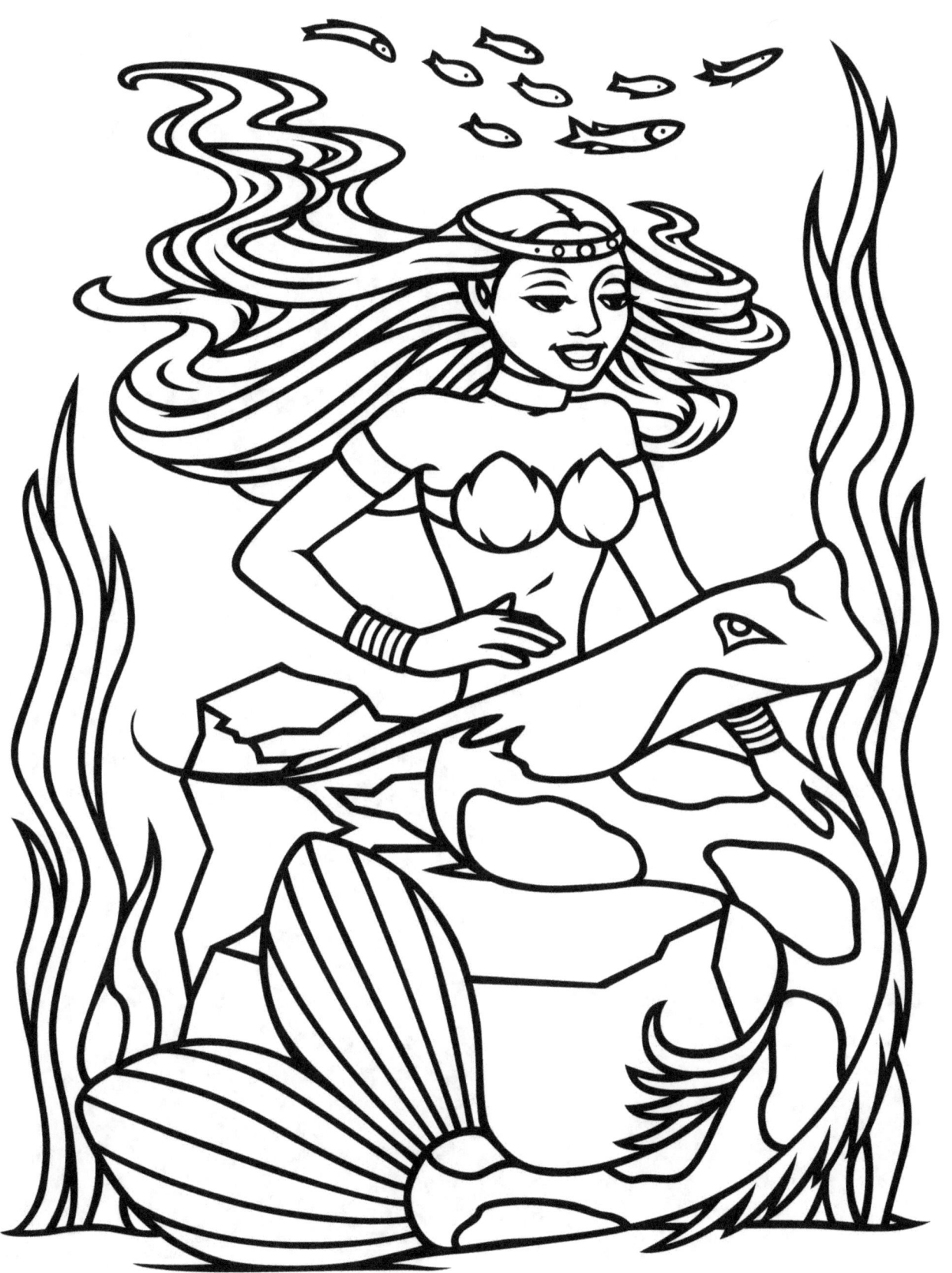

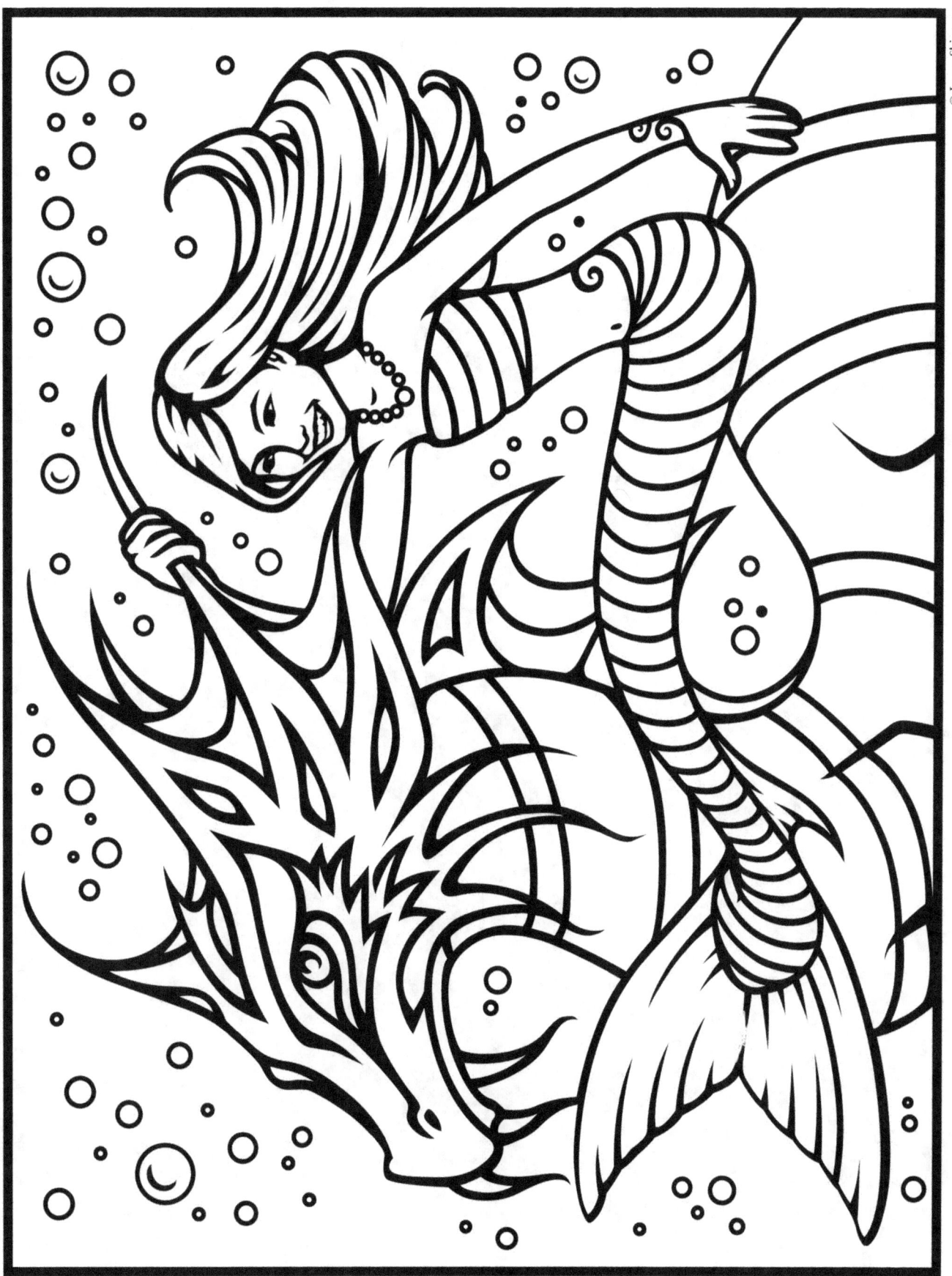

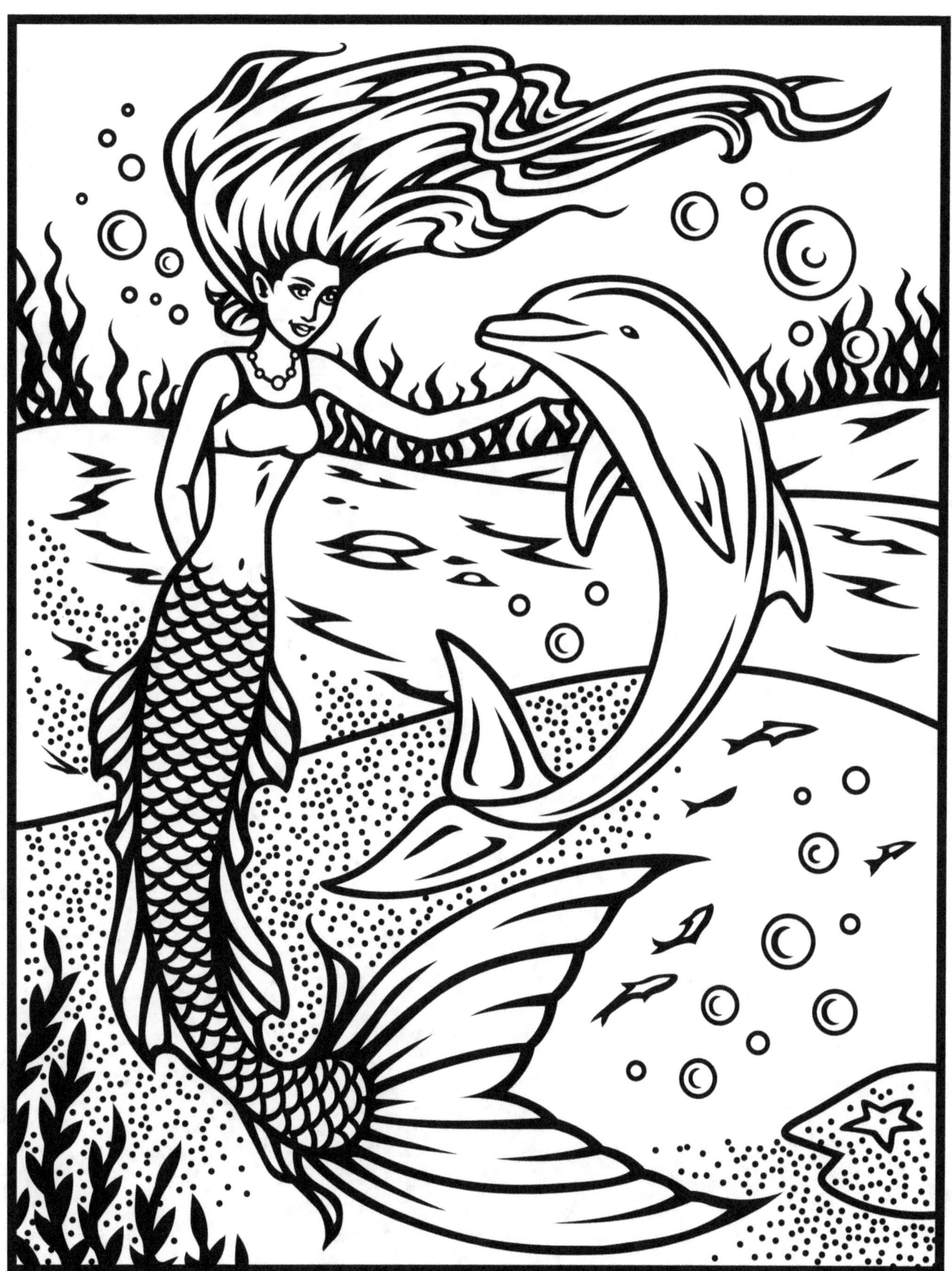

© Jayna Shipman

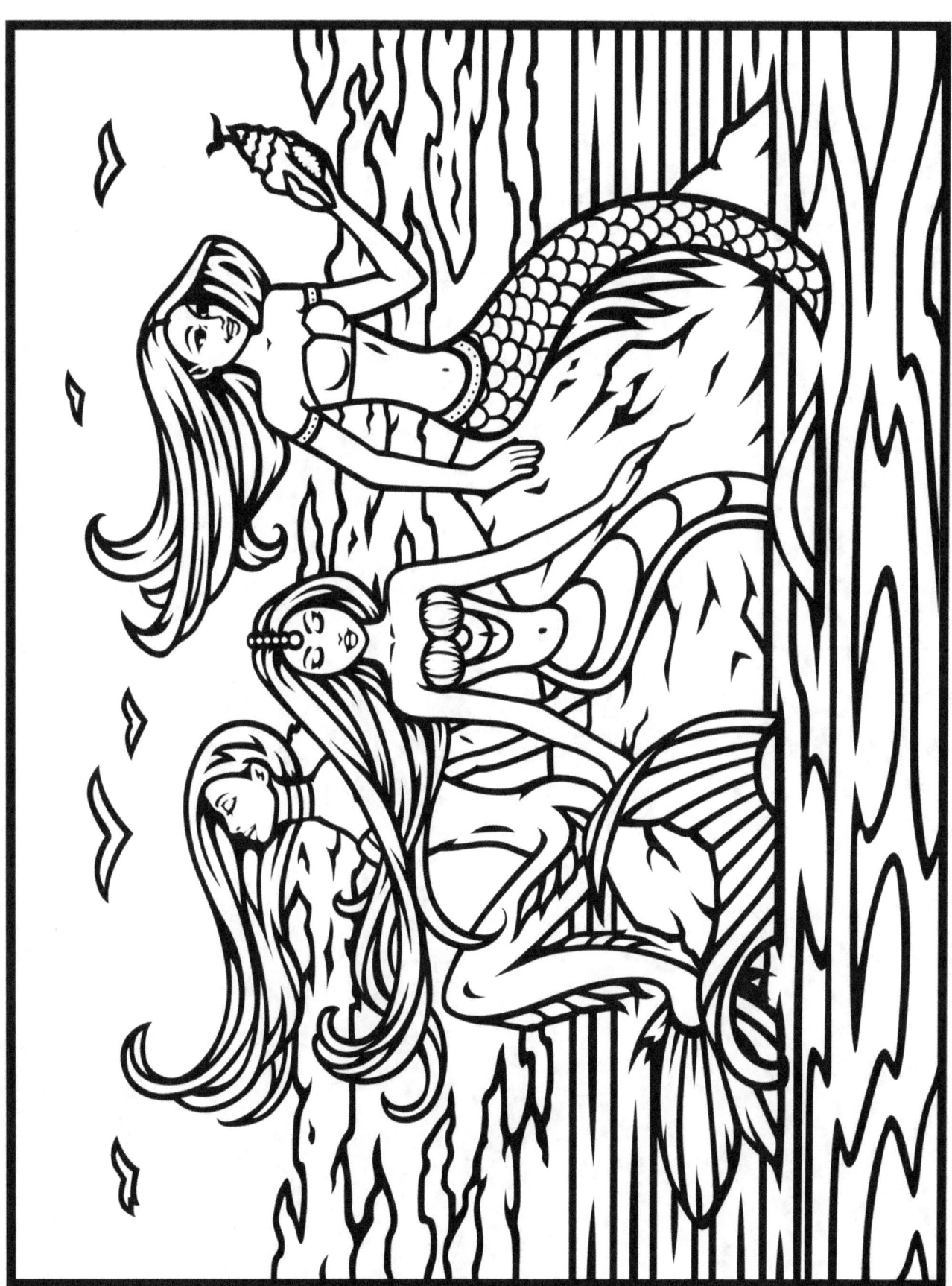

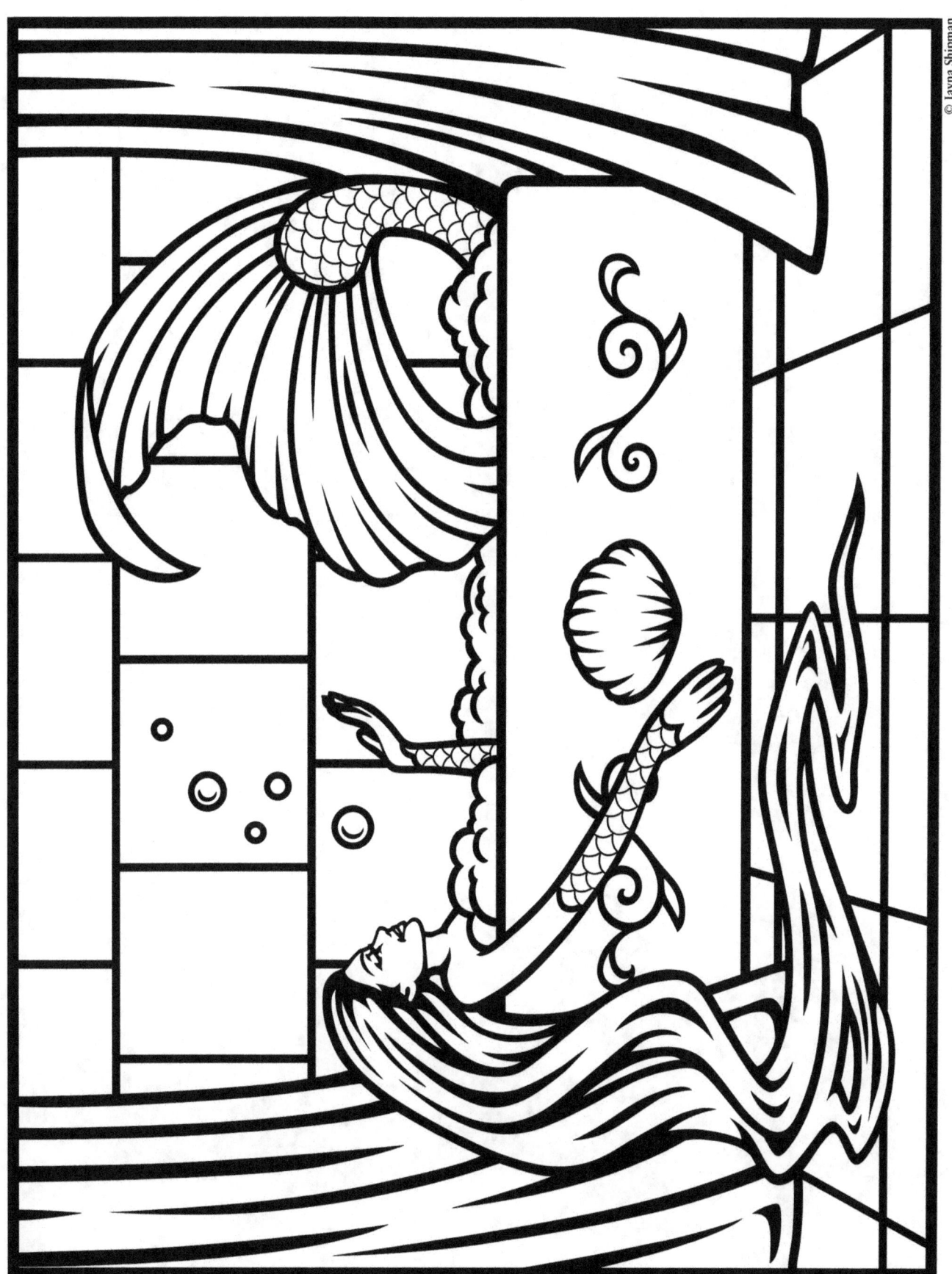

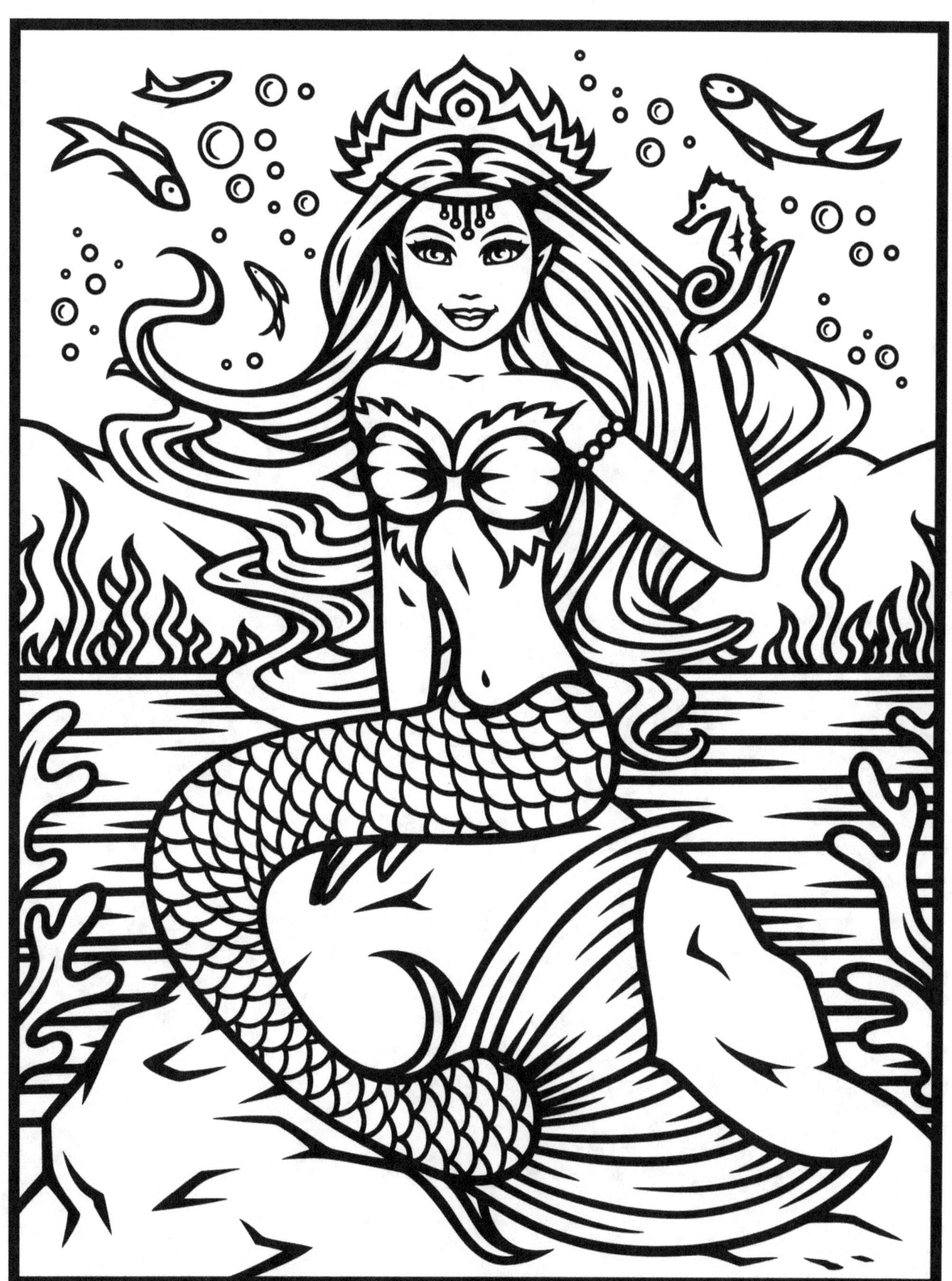

© Jayna Shipman

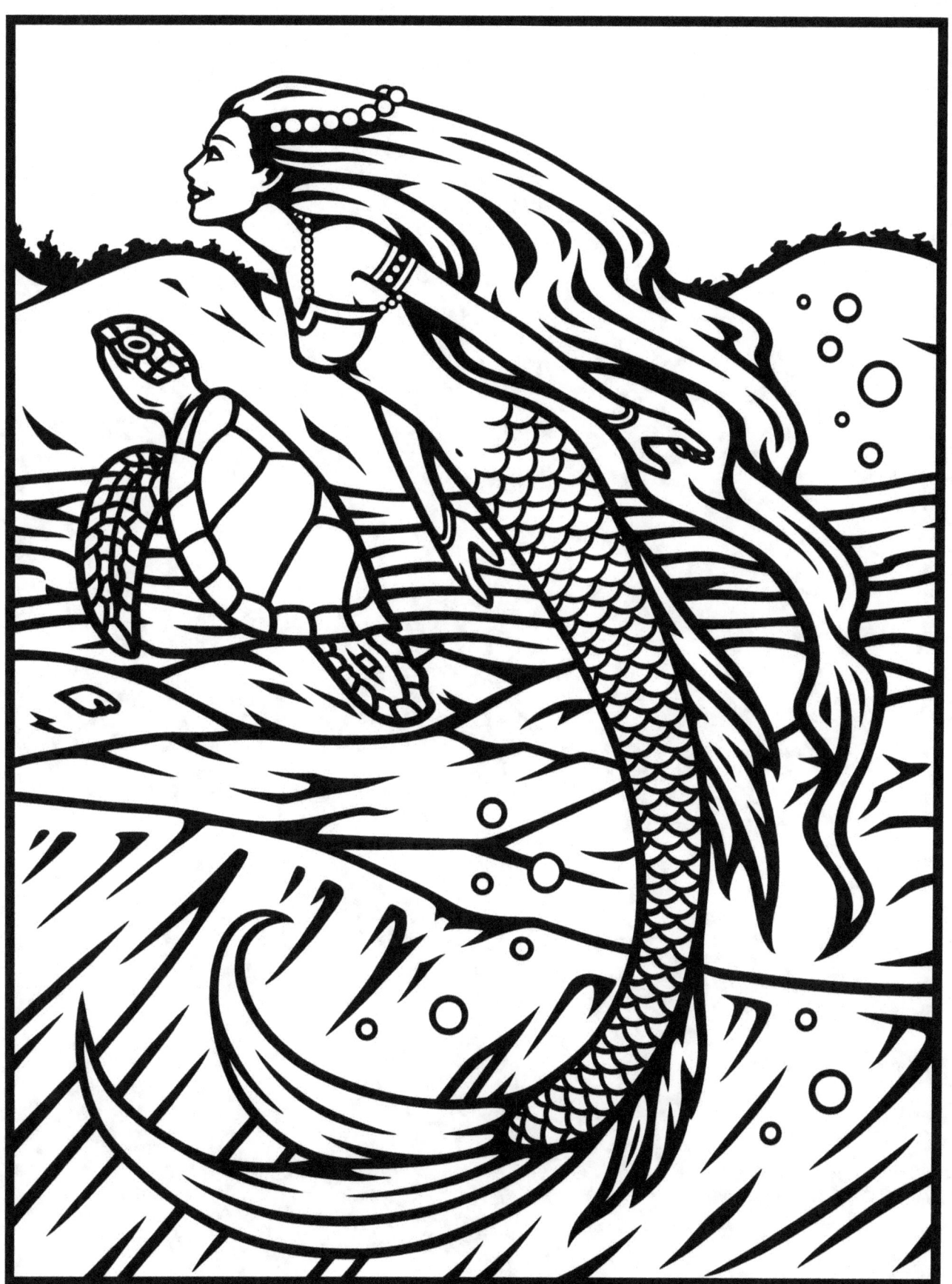

© Jayna Shipman

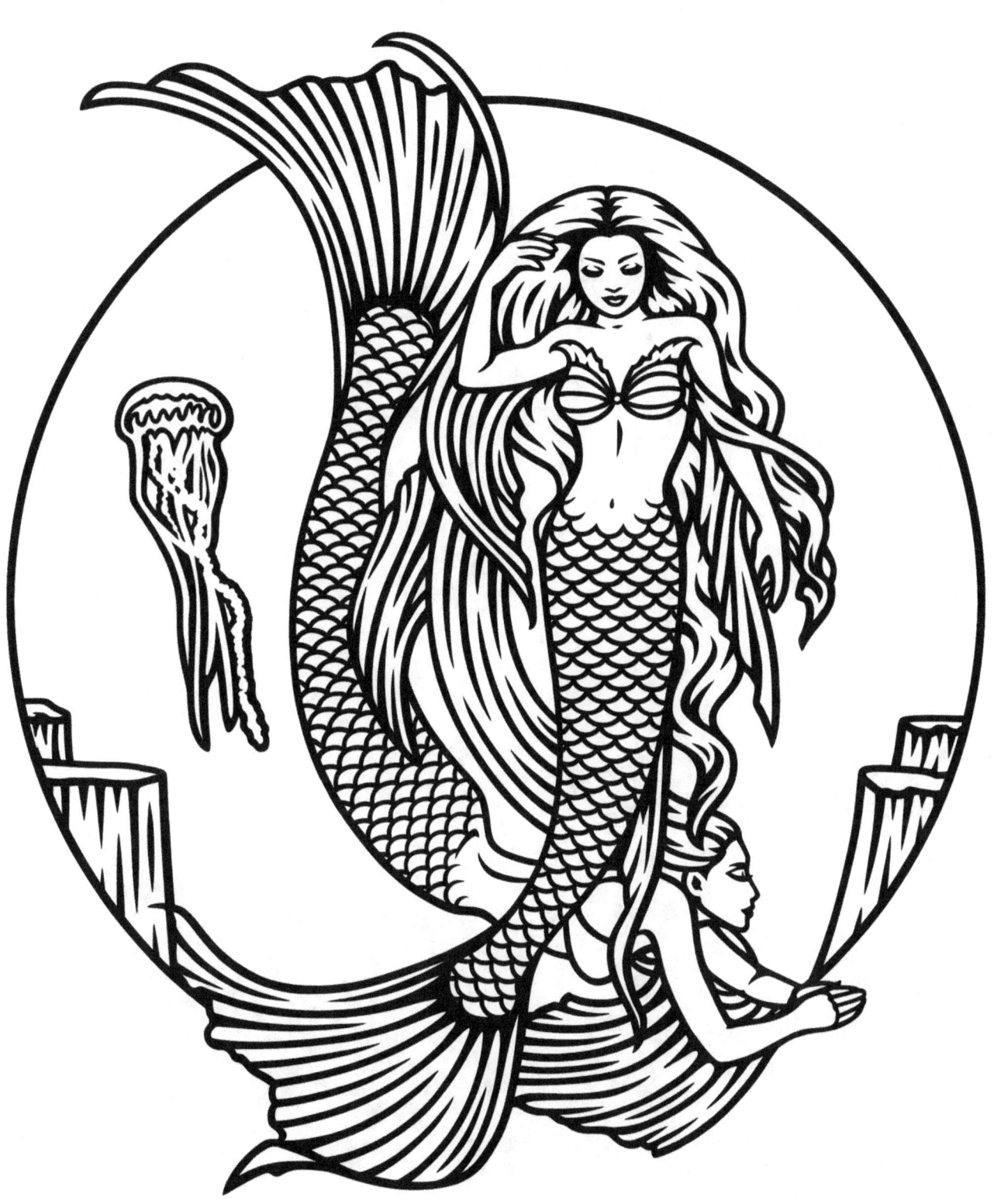

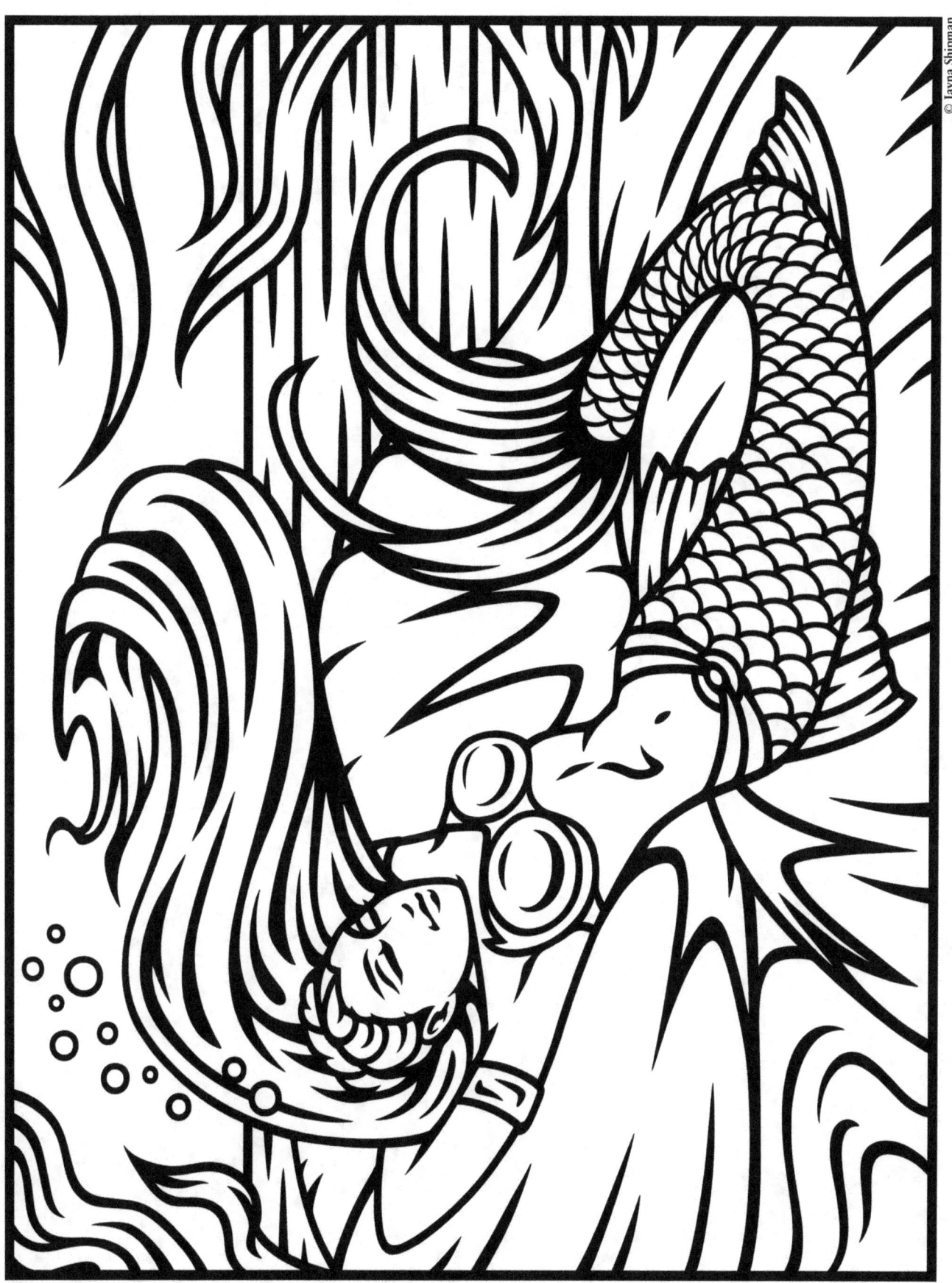

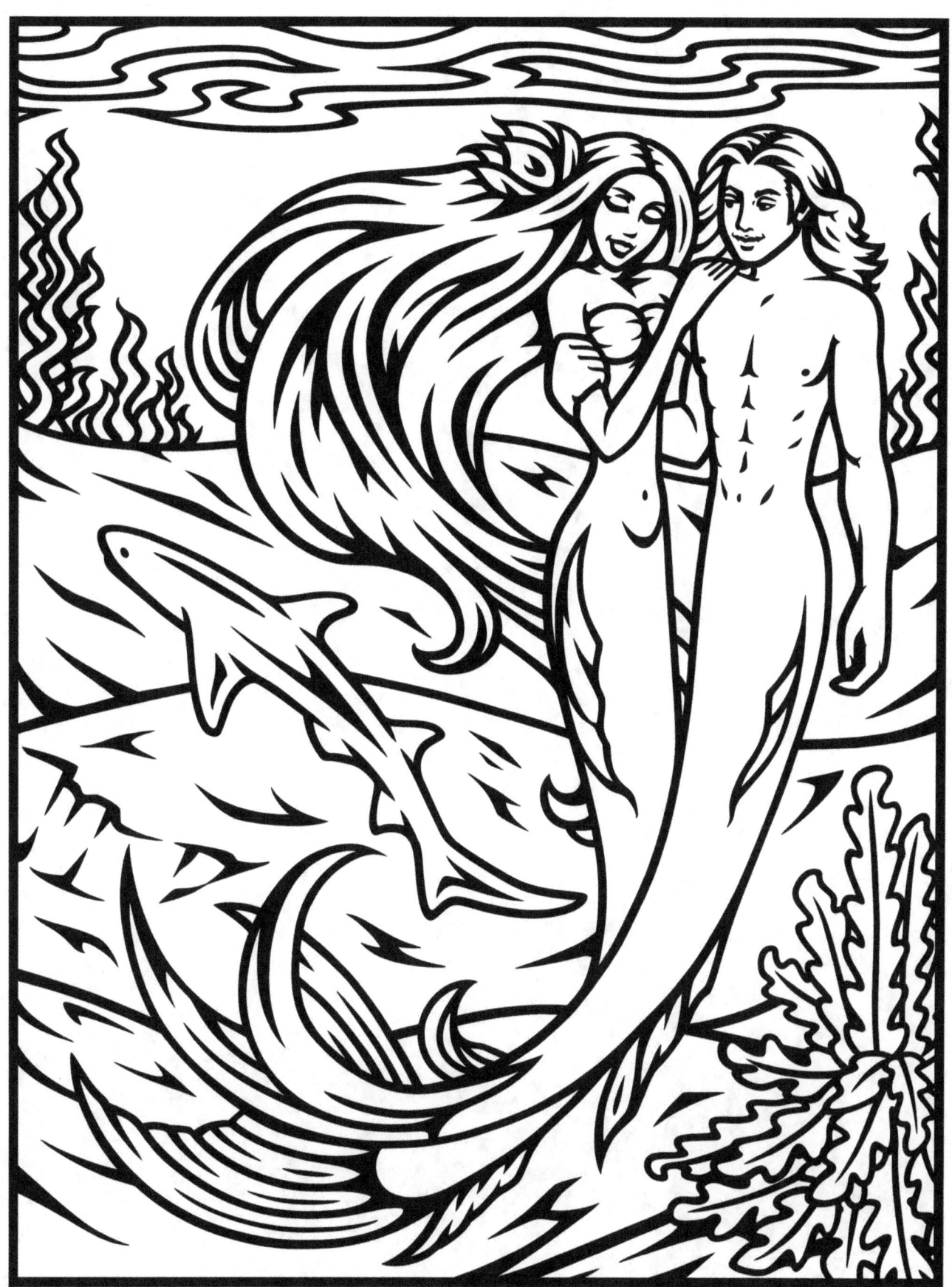

© Jayna Shipman

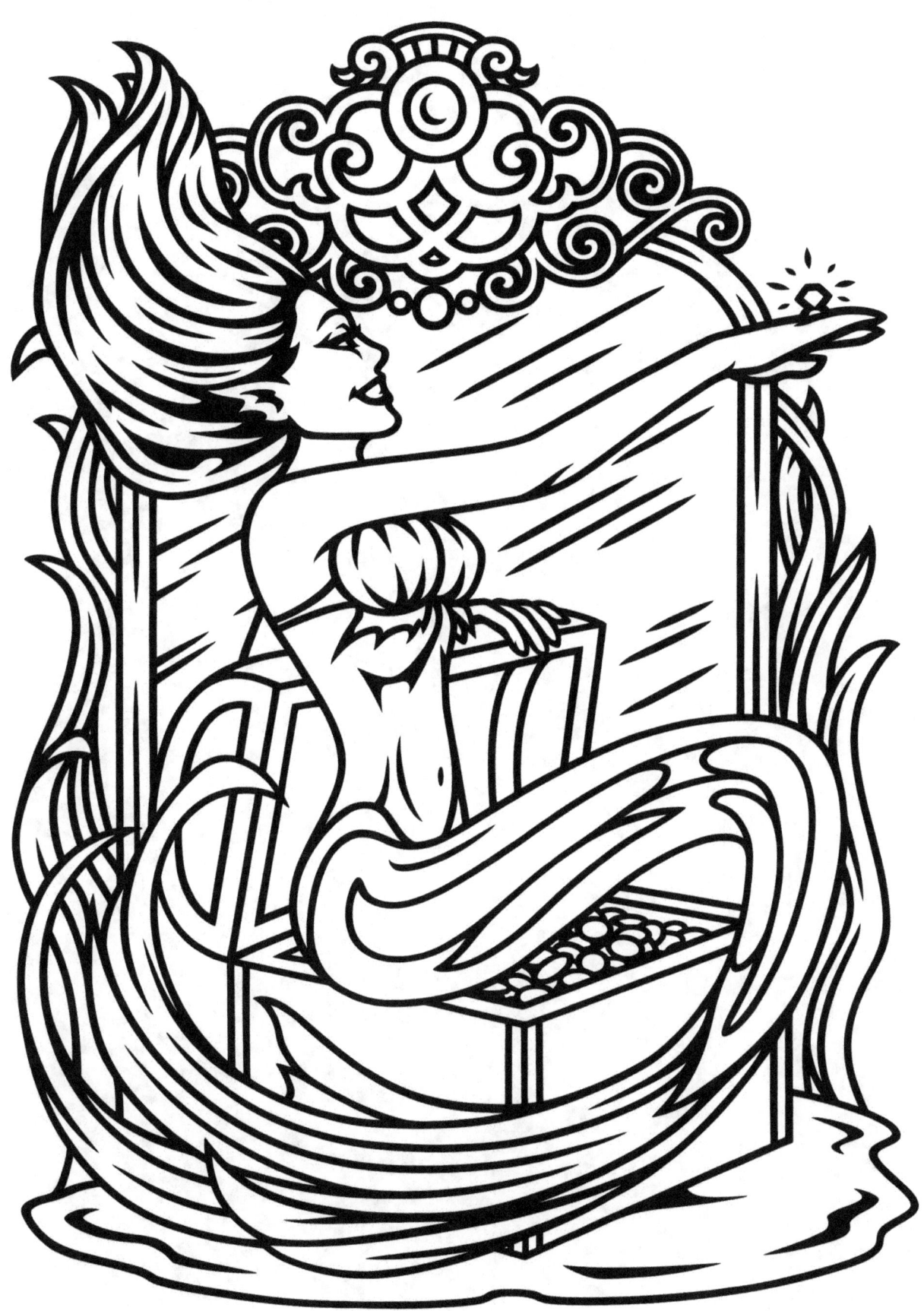

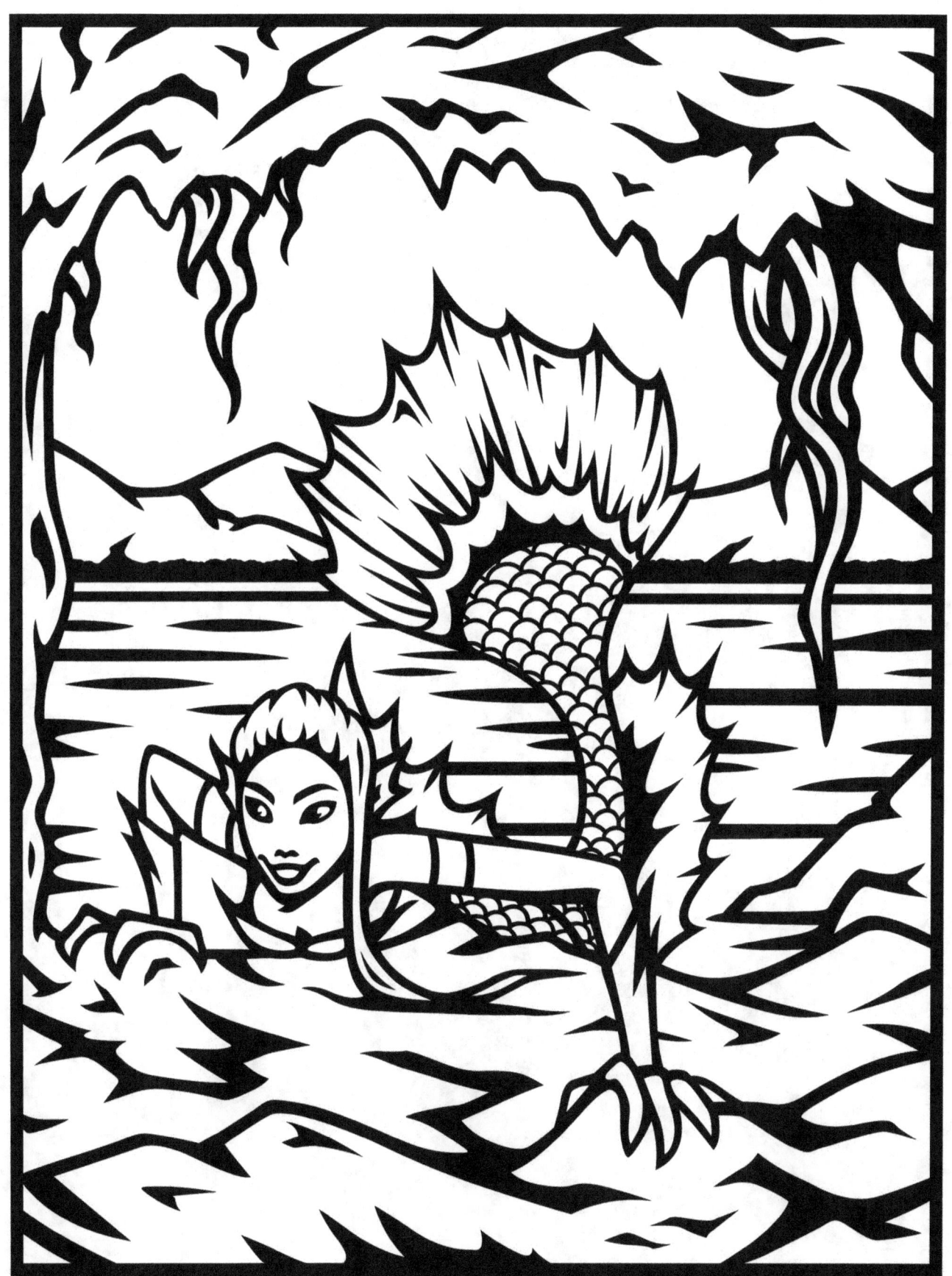

© Jayna Shipman

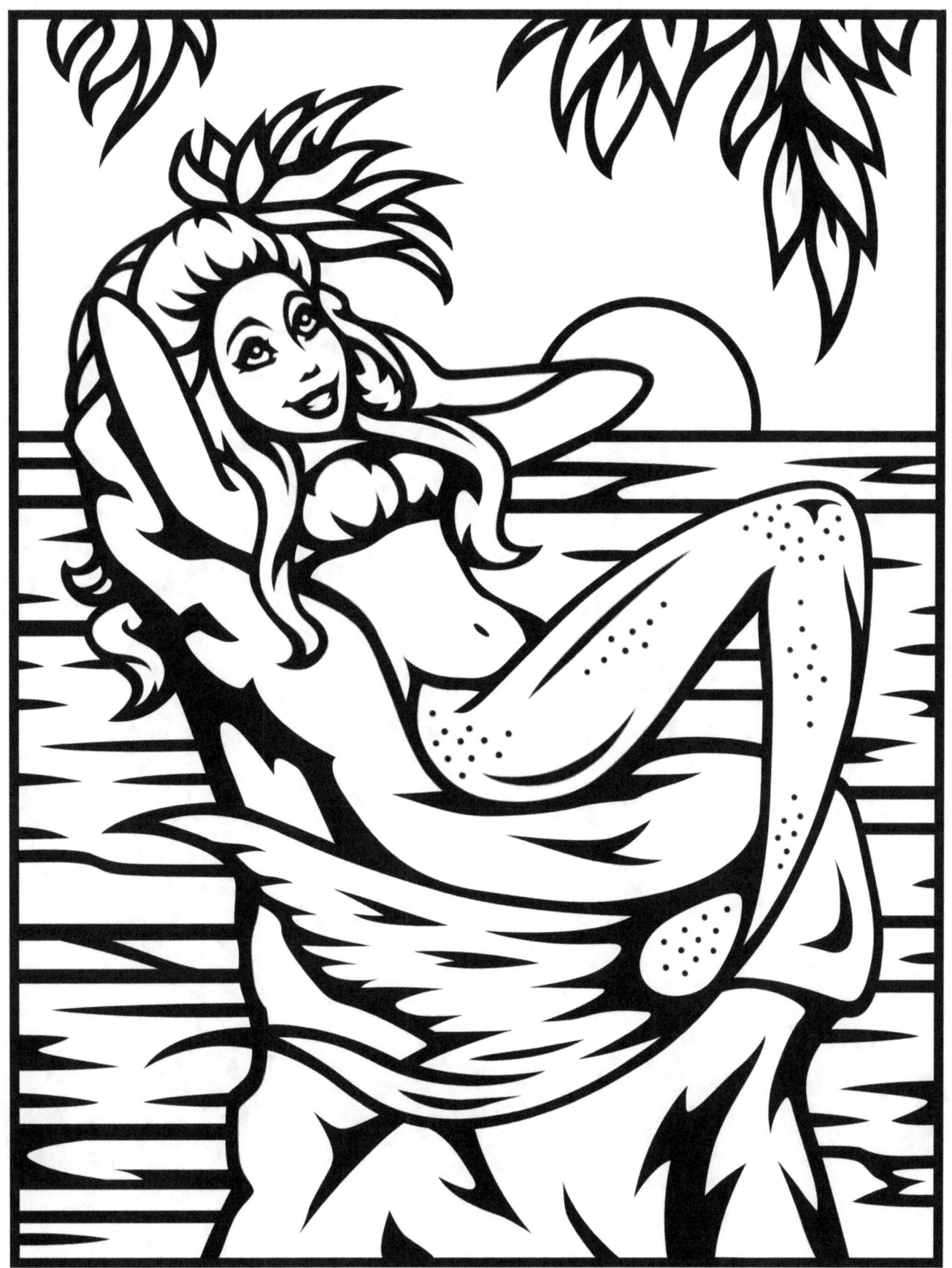

© Jayna Shipman

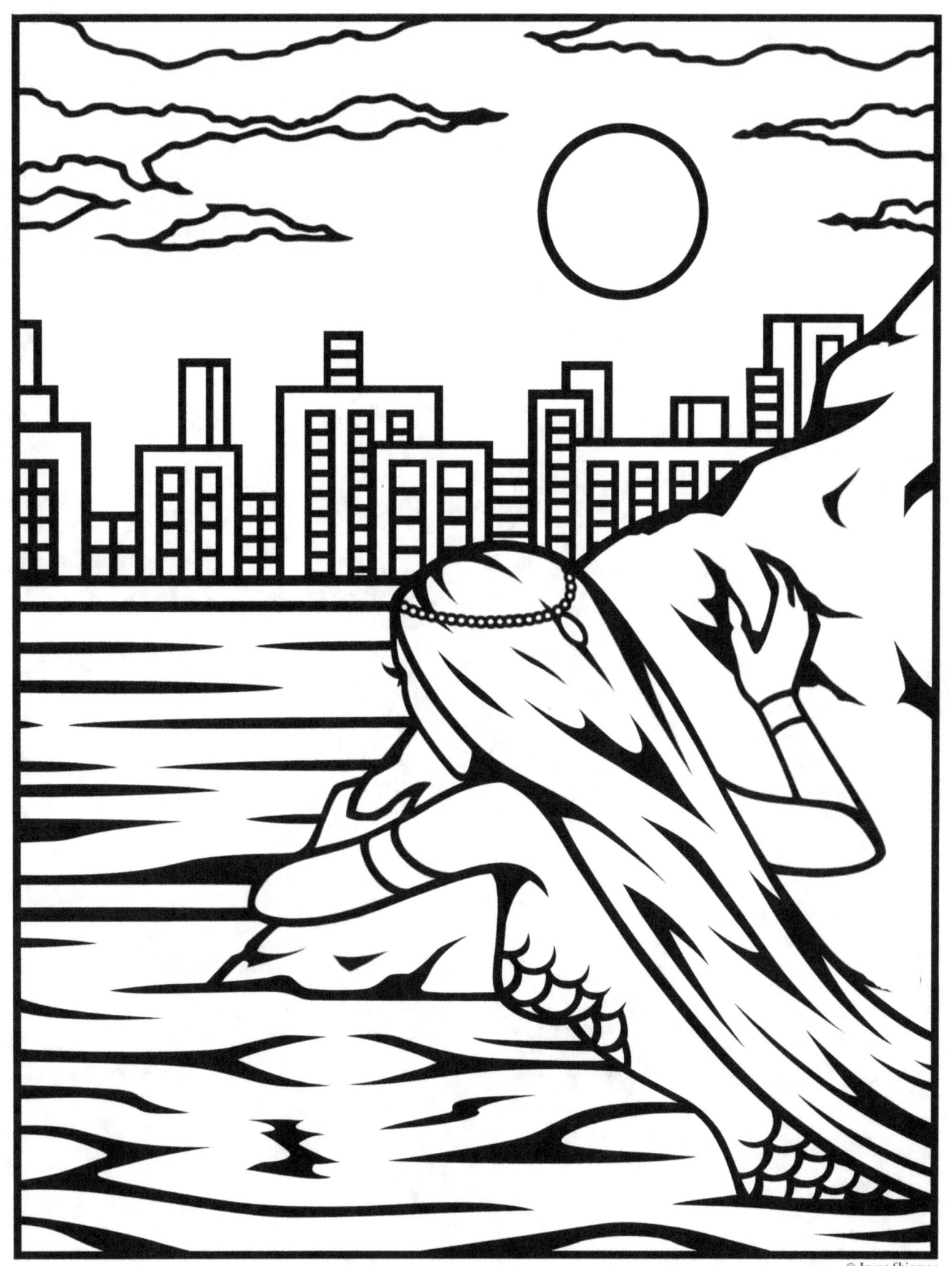

© Jayna Shipman

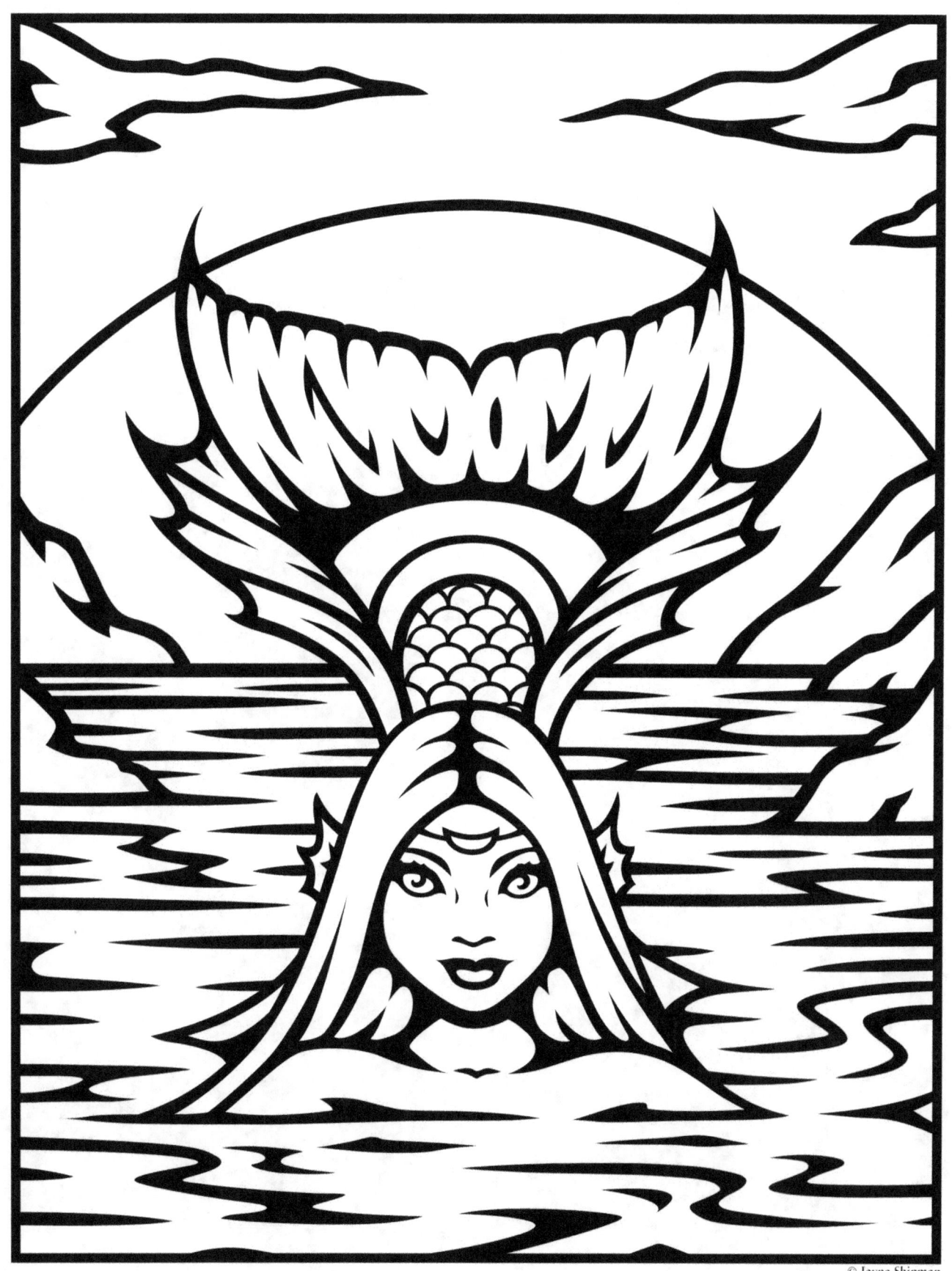

© Jayna Shipman

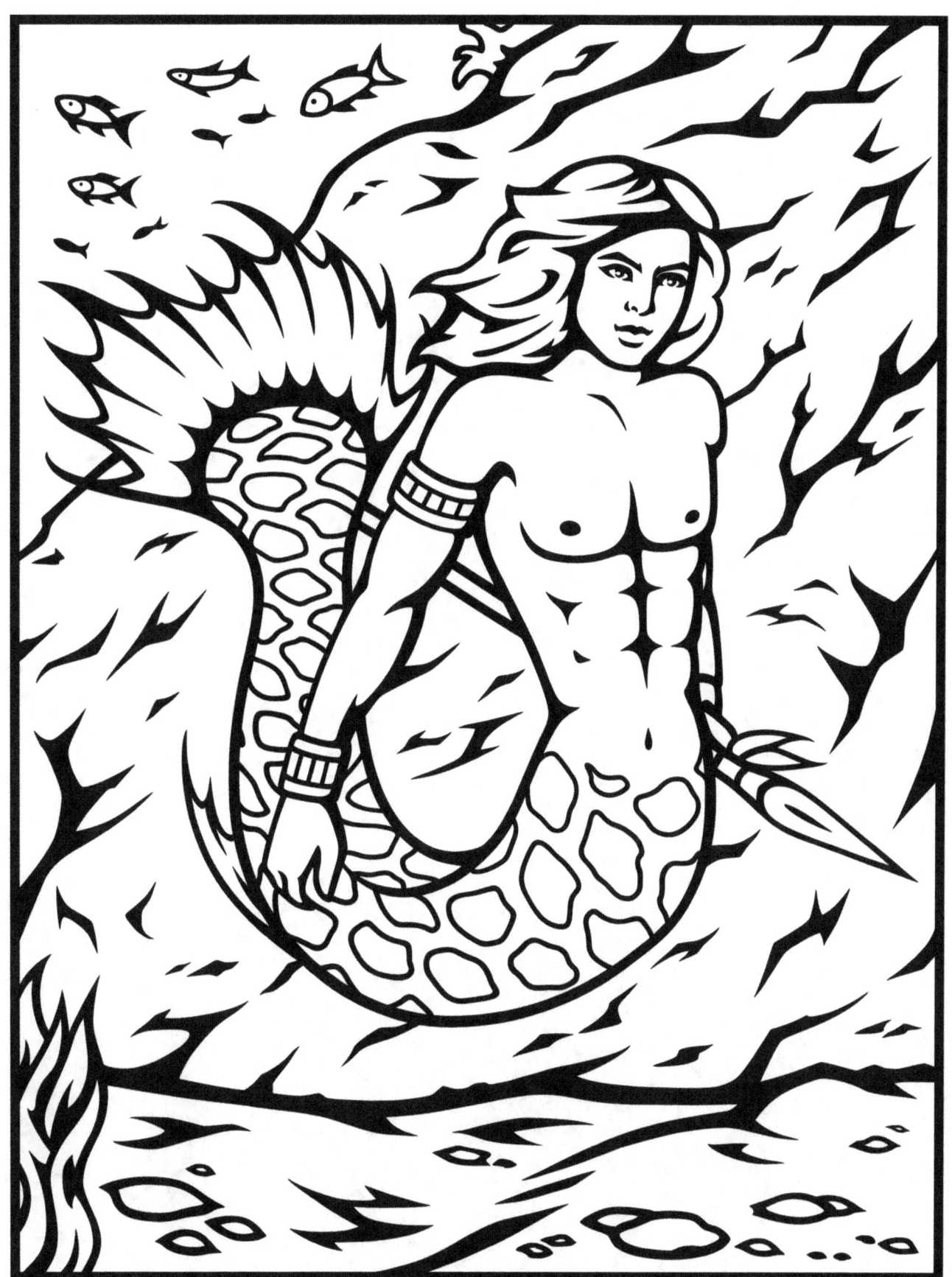

© Jayna Shipman

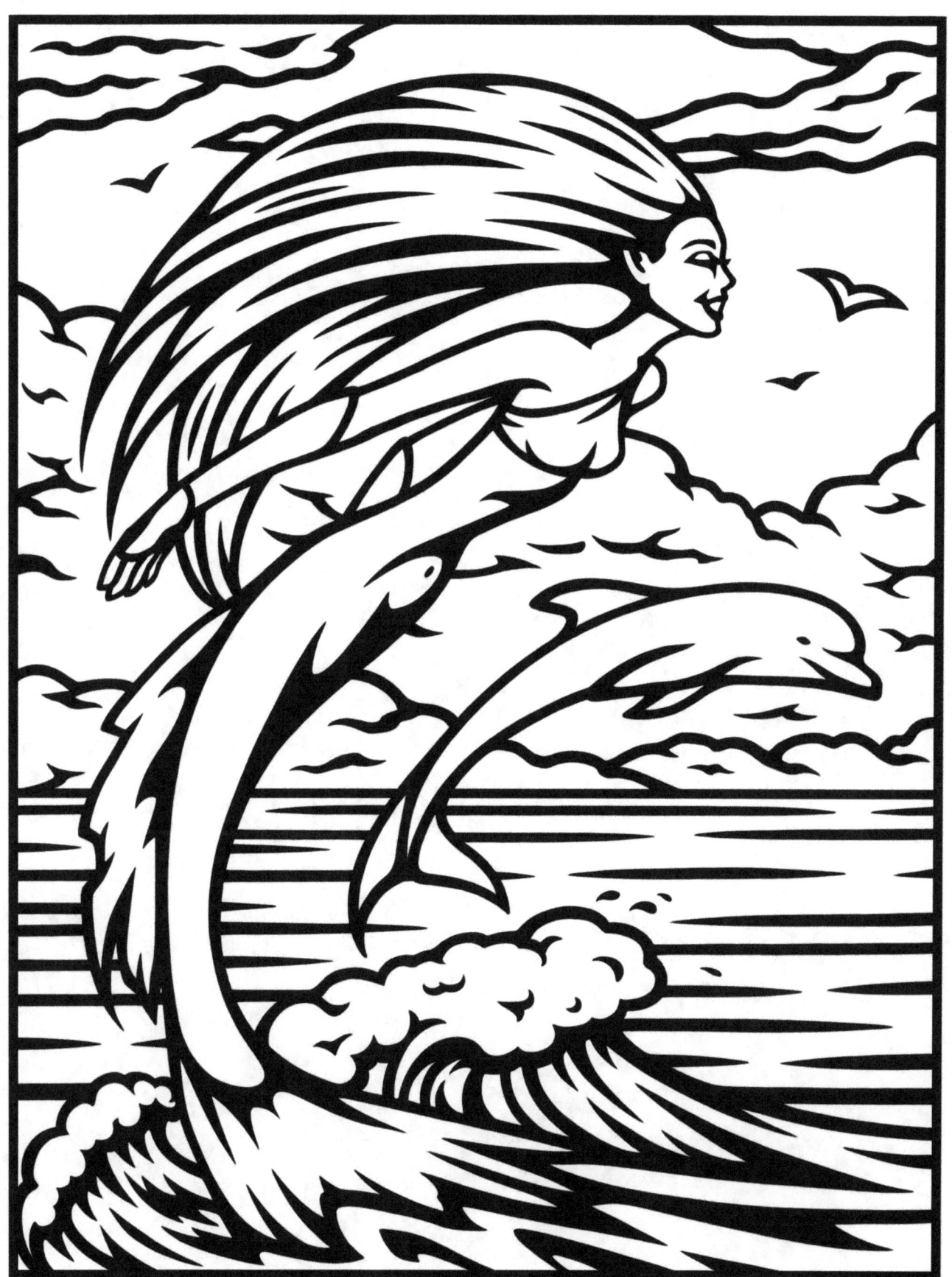

© Jayna Shipman

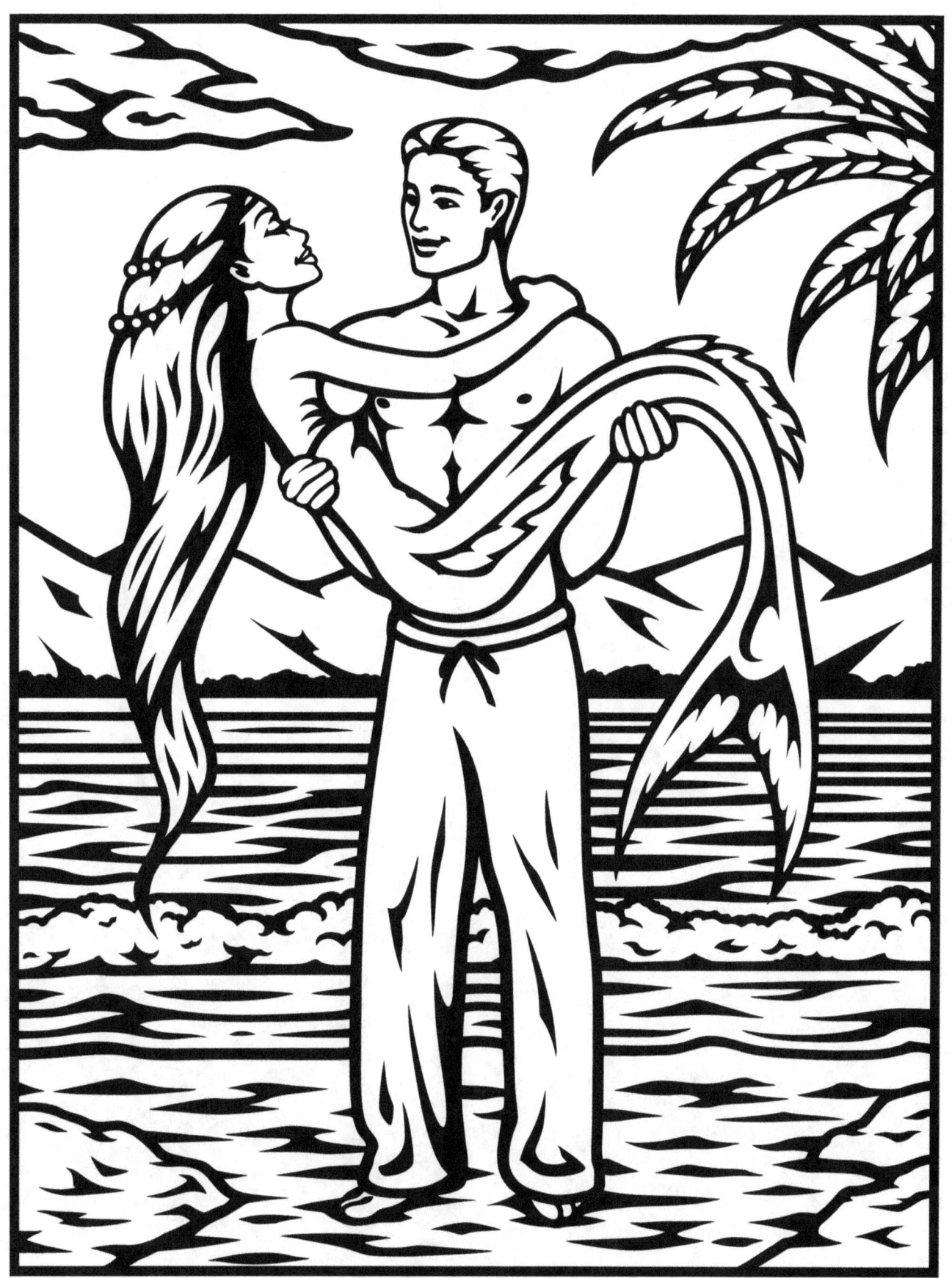

© Jayna Shipman

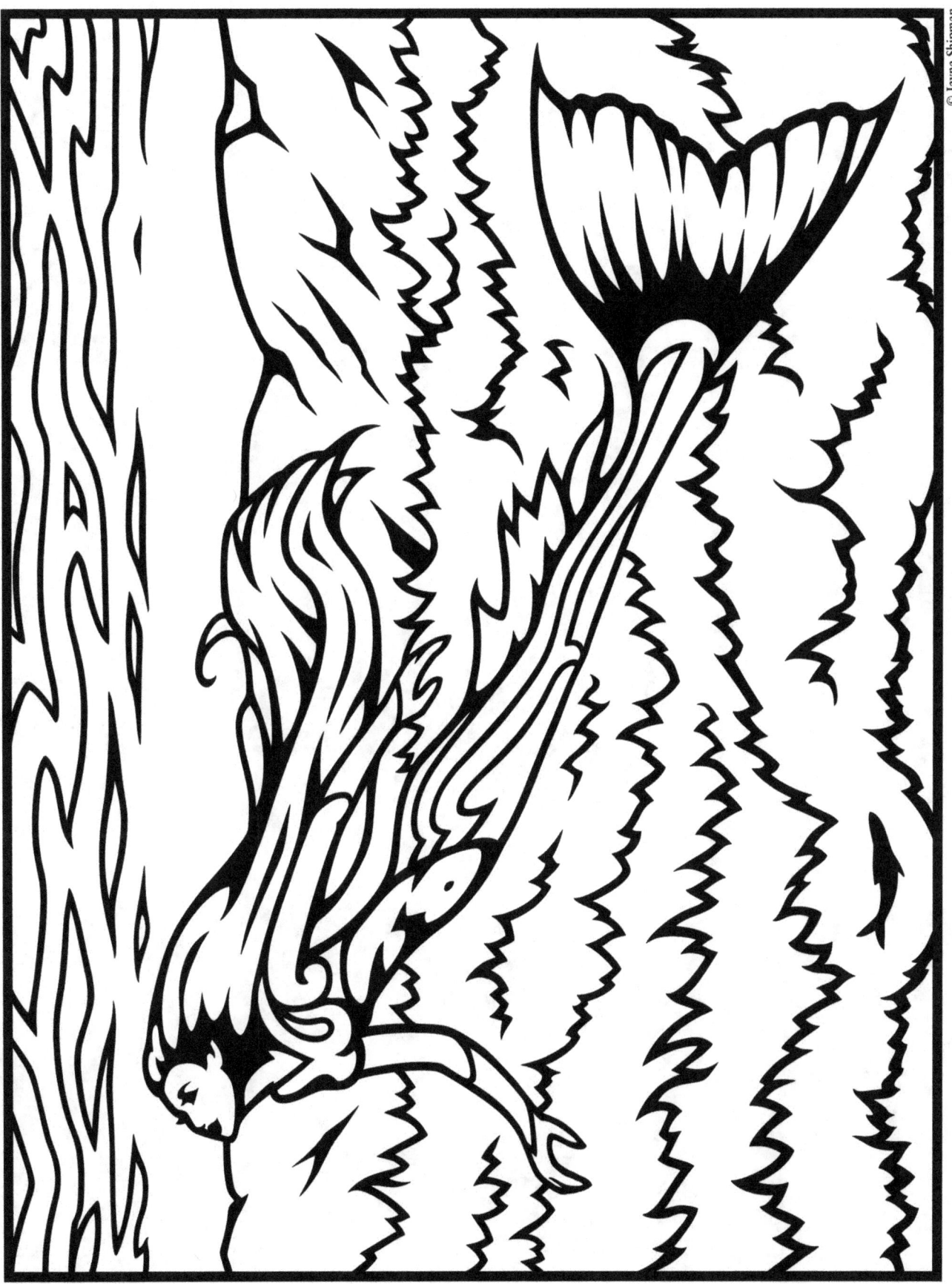

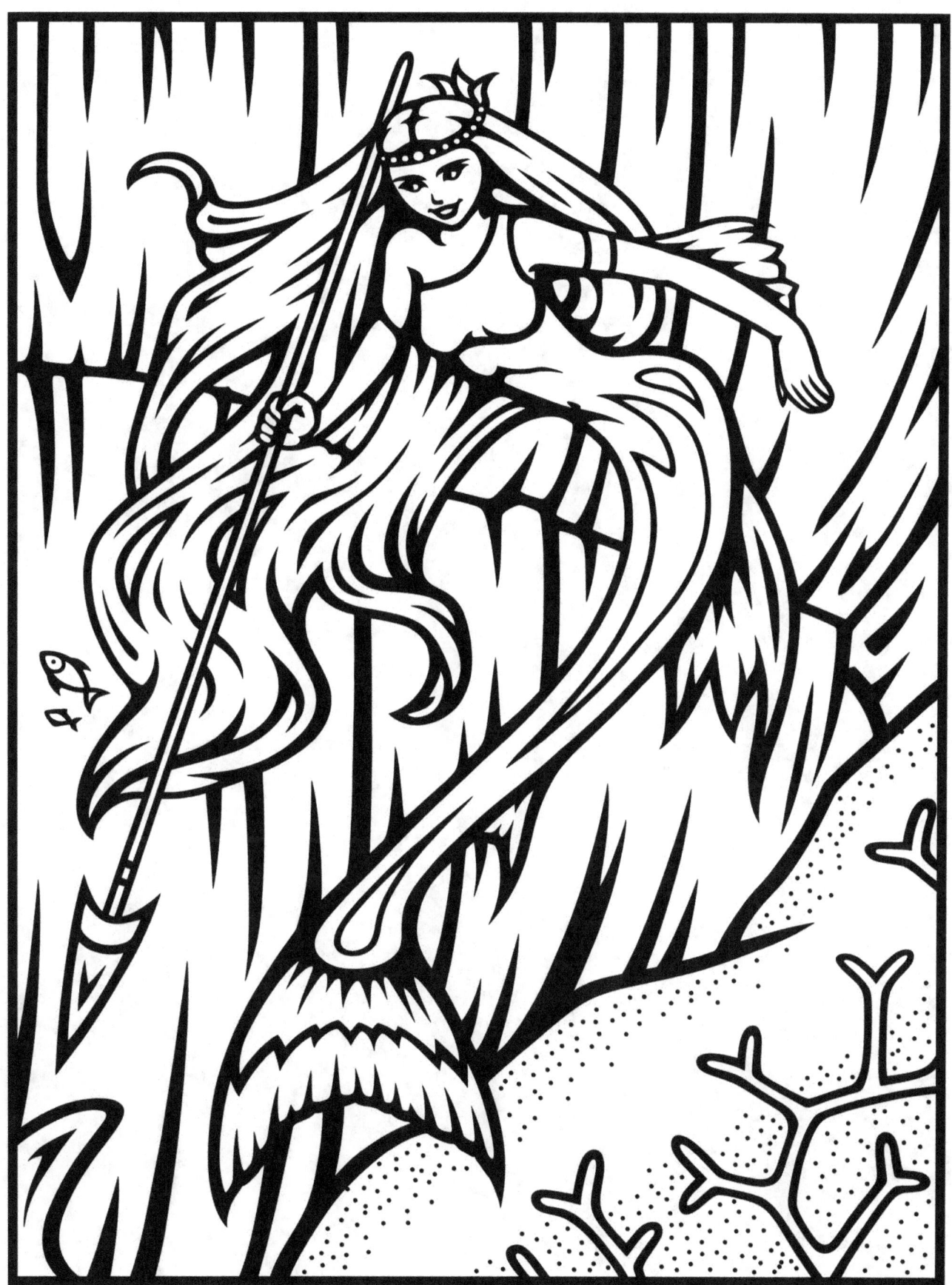

© Jayna Shipman

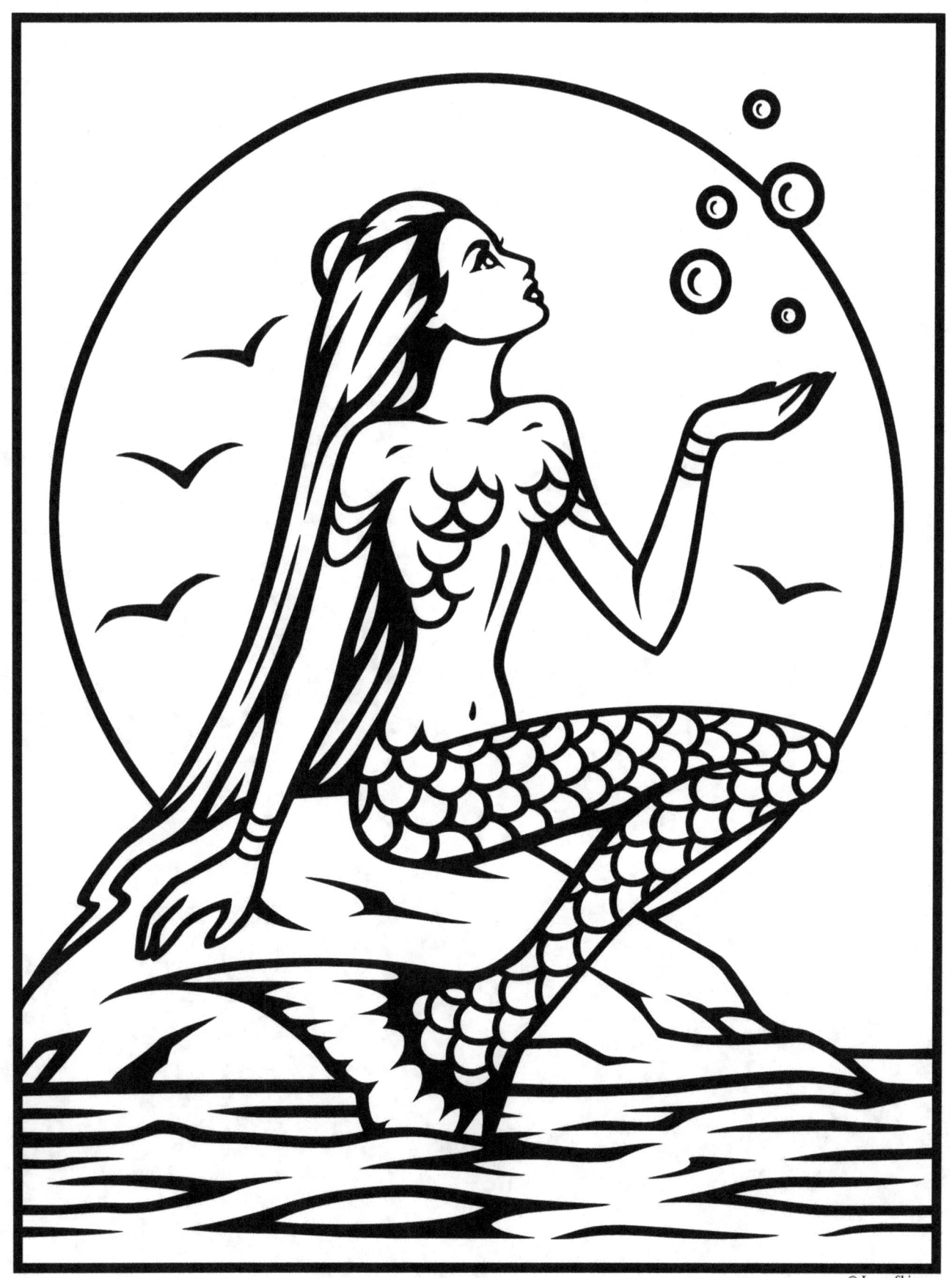

© Jayna Shipman

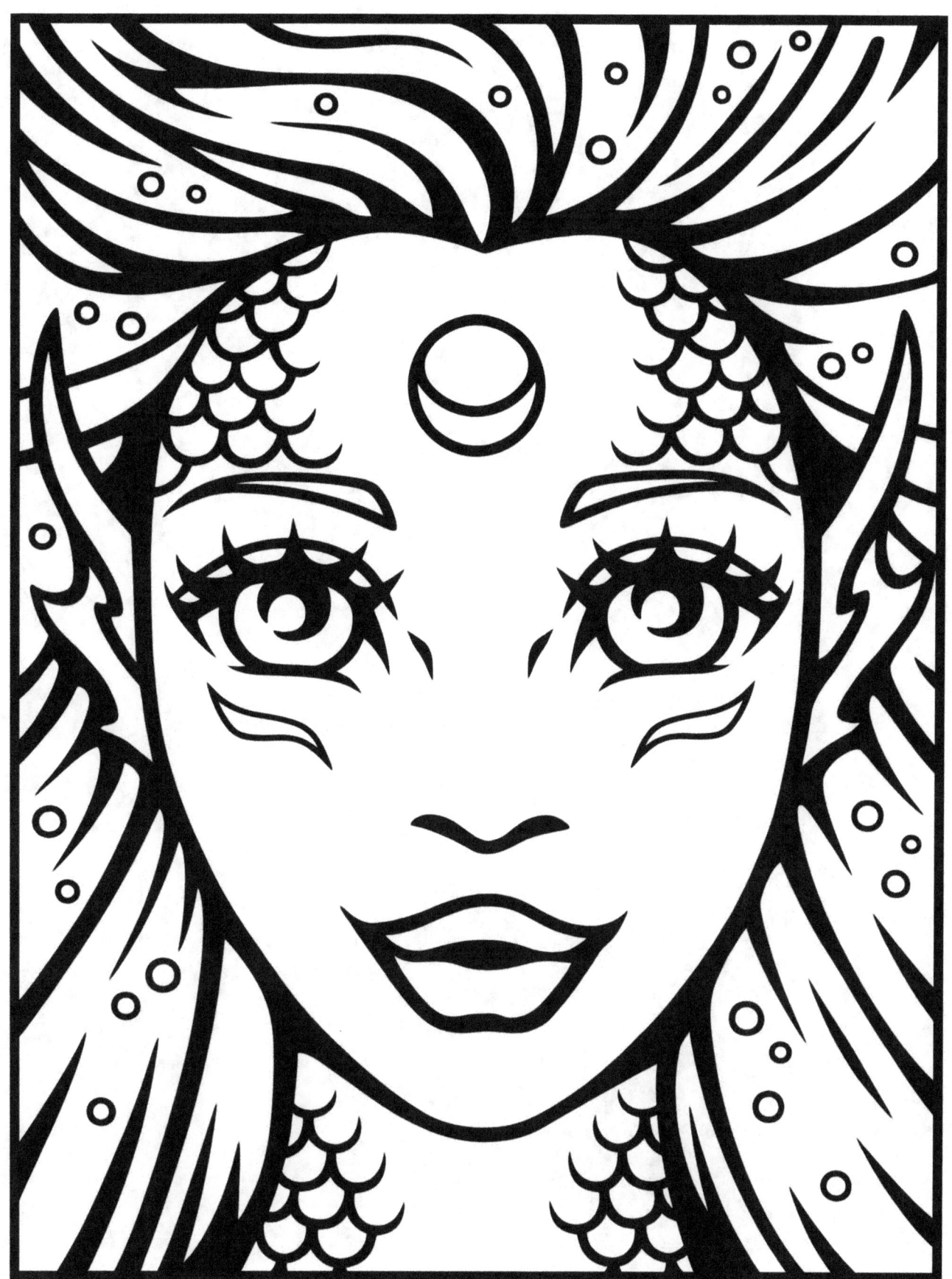

© Jayna Shipman

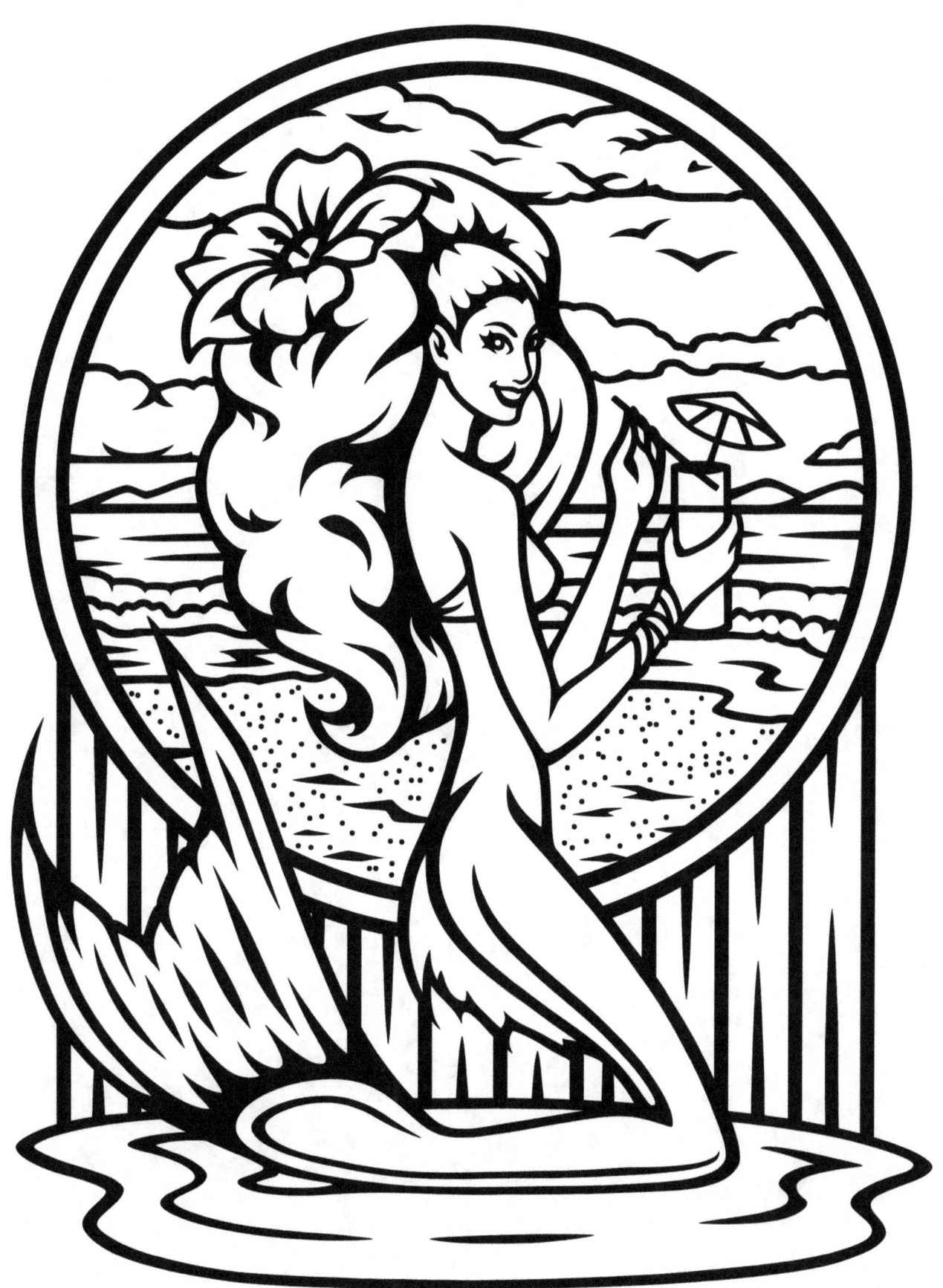

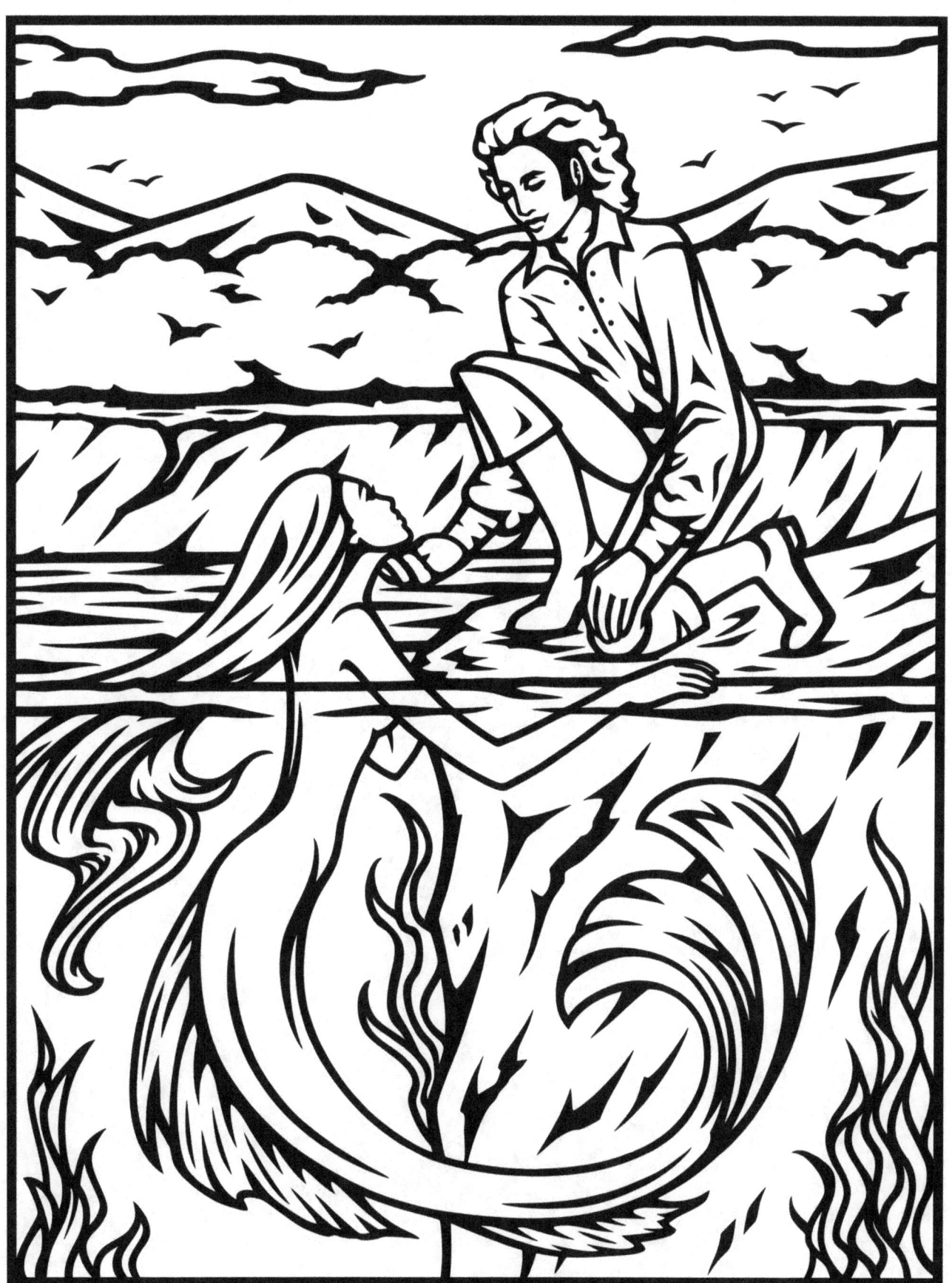

© Jayna Shipman

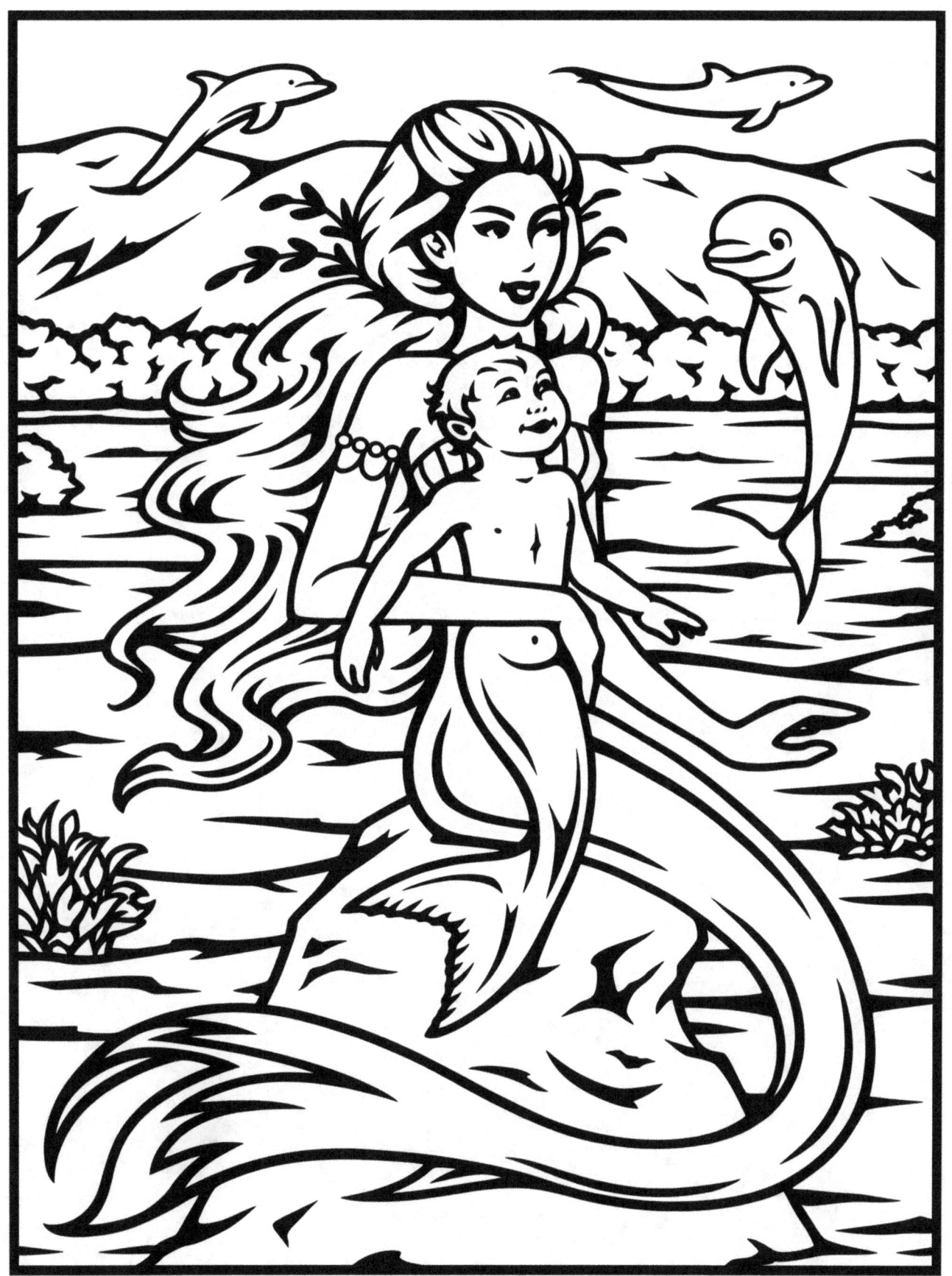

© Jayna Shipman

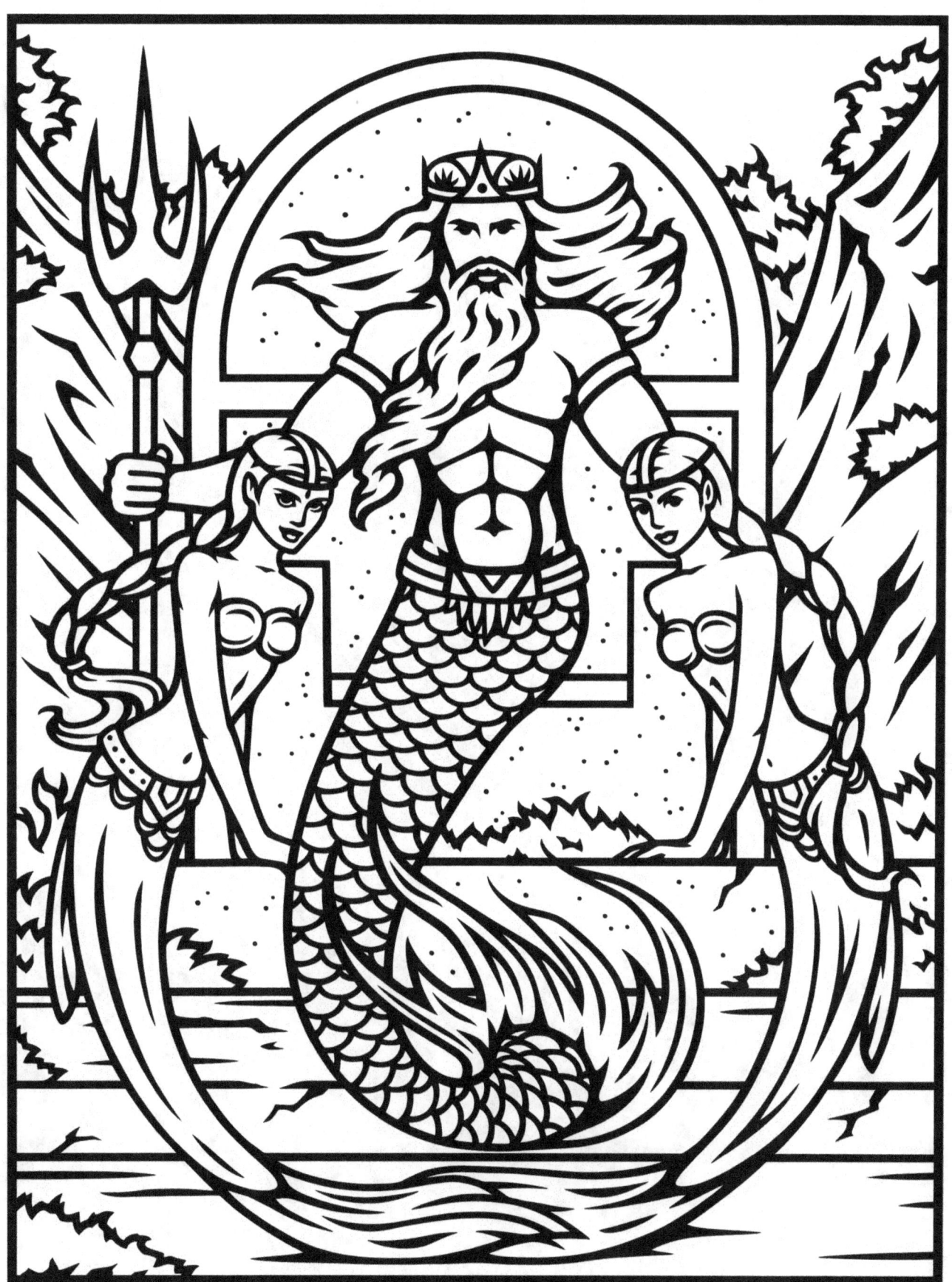

© Jayna Shipman

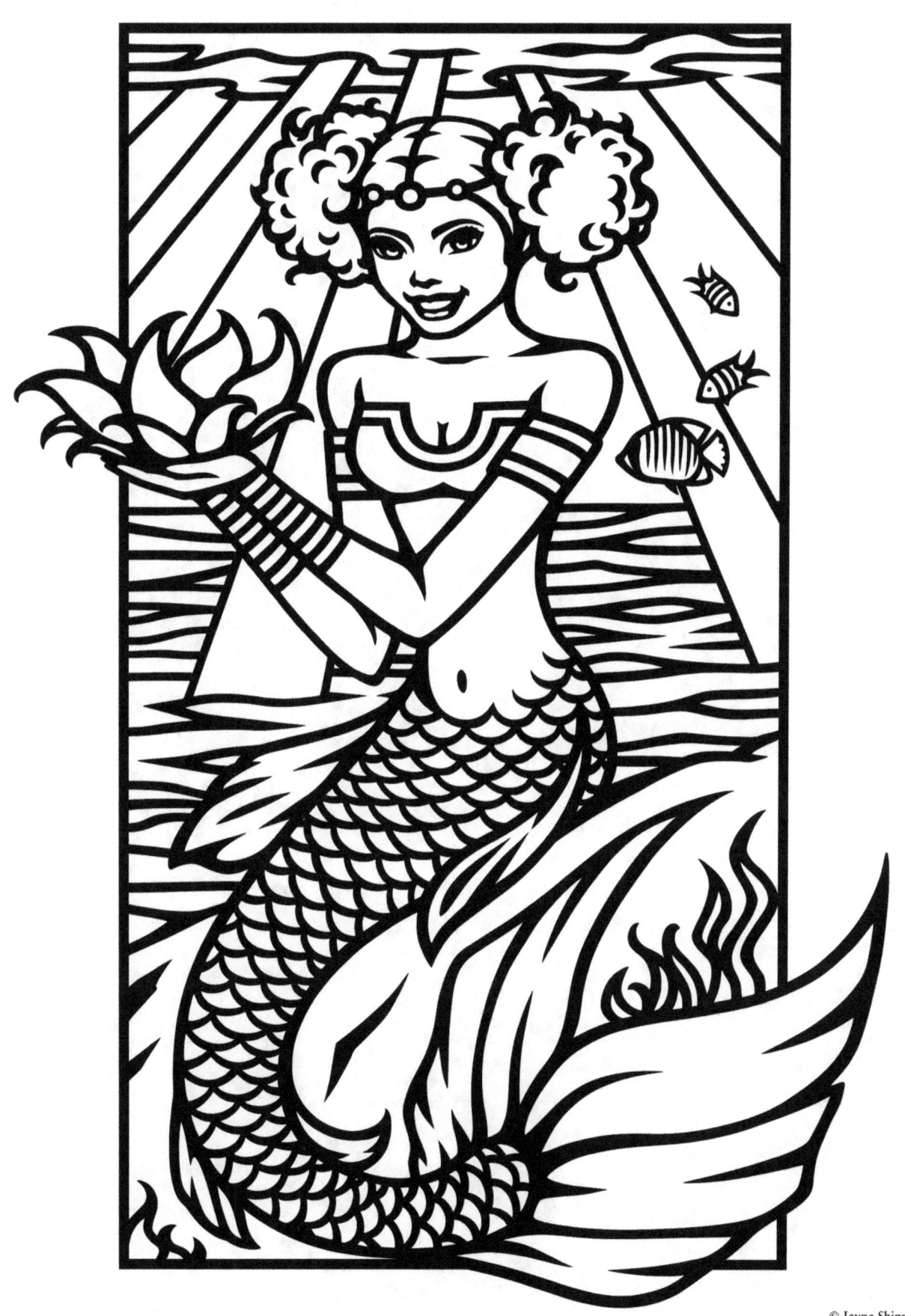

© Jayna Shipman

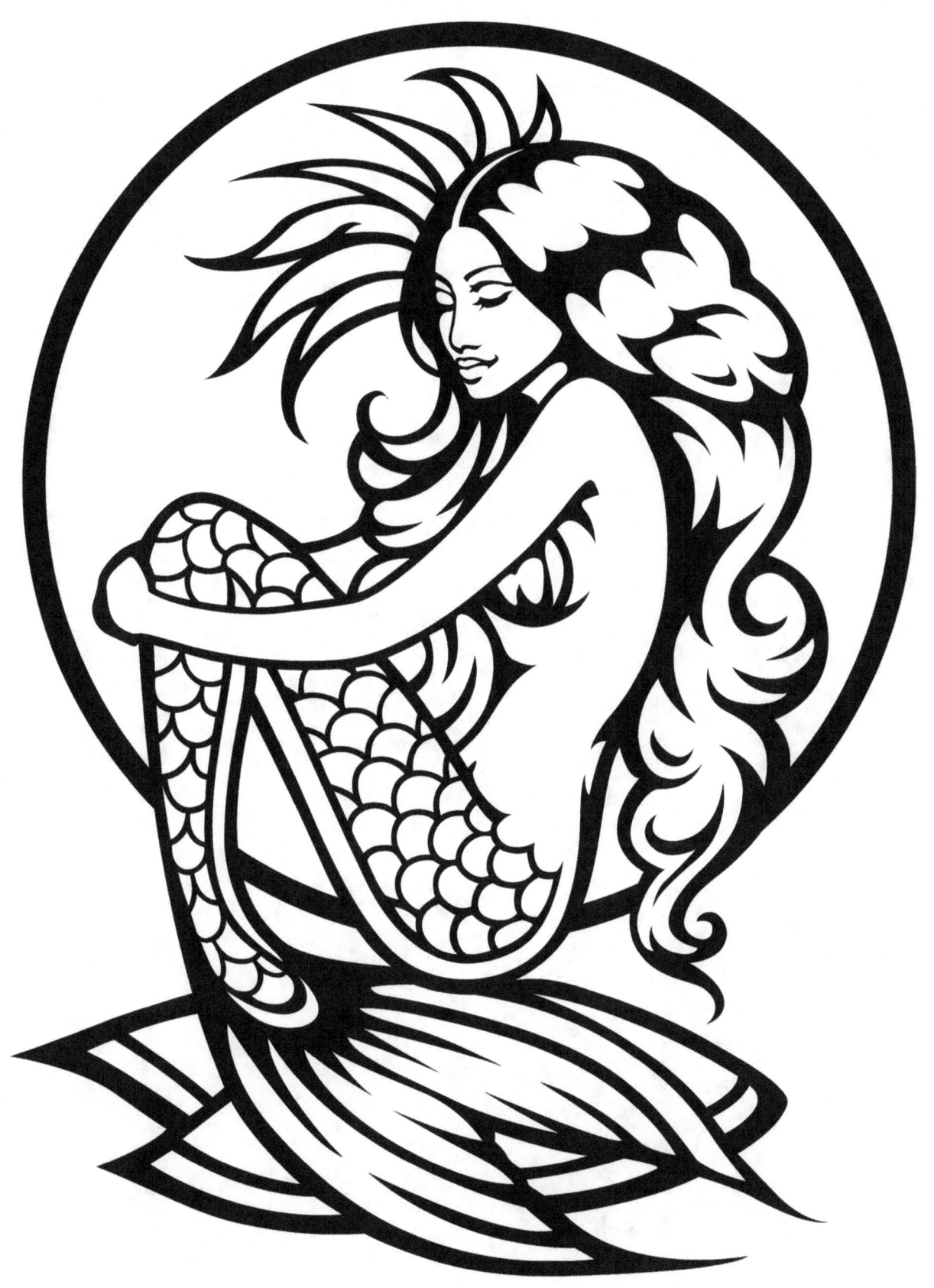

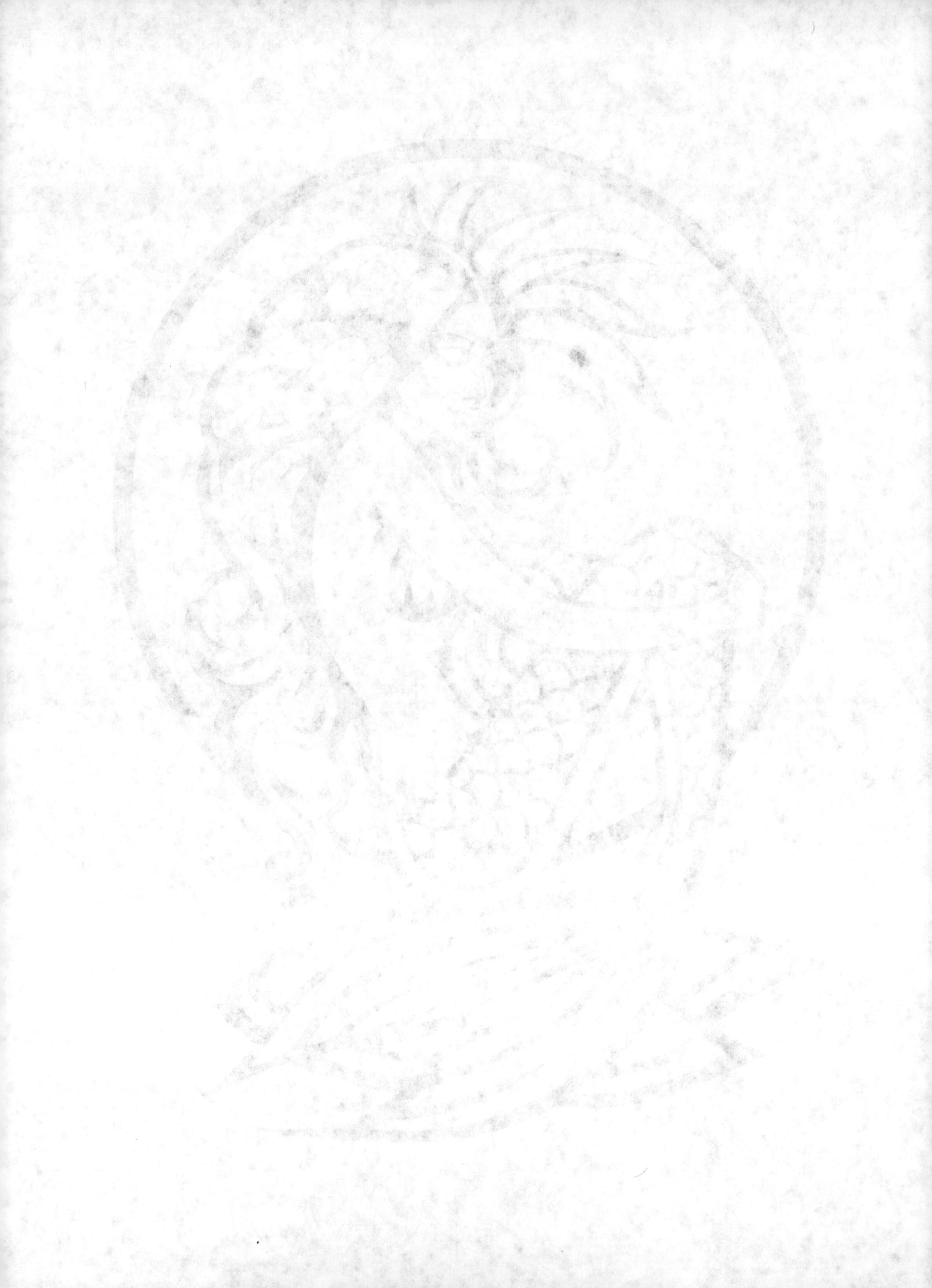